MaryAnn F. Kohl/Jean Potter - **Malerisches Lernen**

Malerisches Lernen

Durch Zeichnen und Basteln zum Entdecken und Erforschen

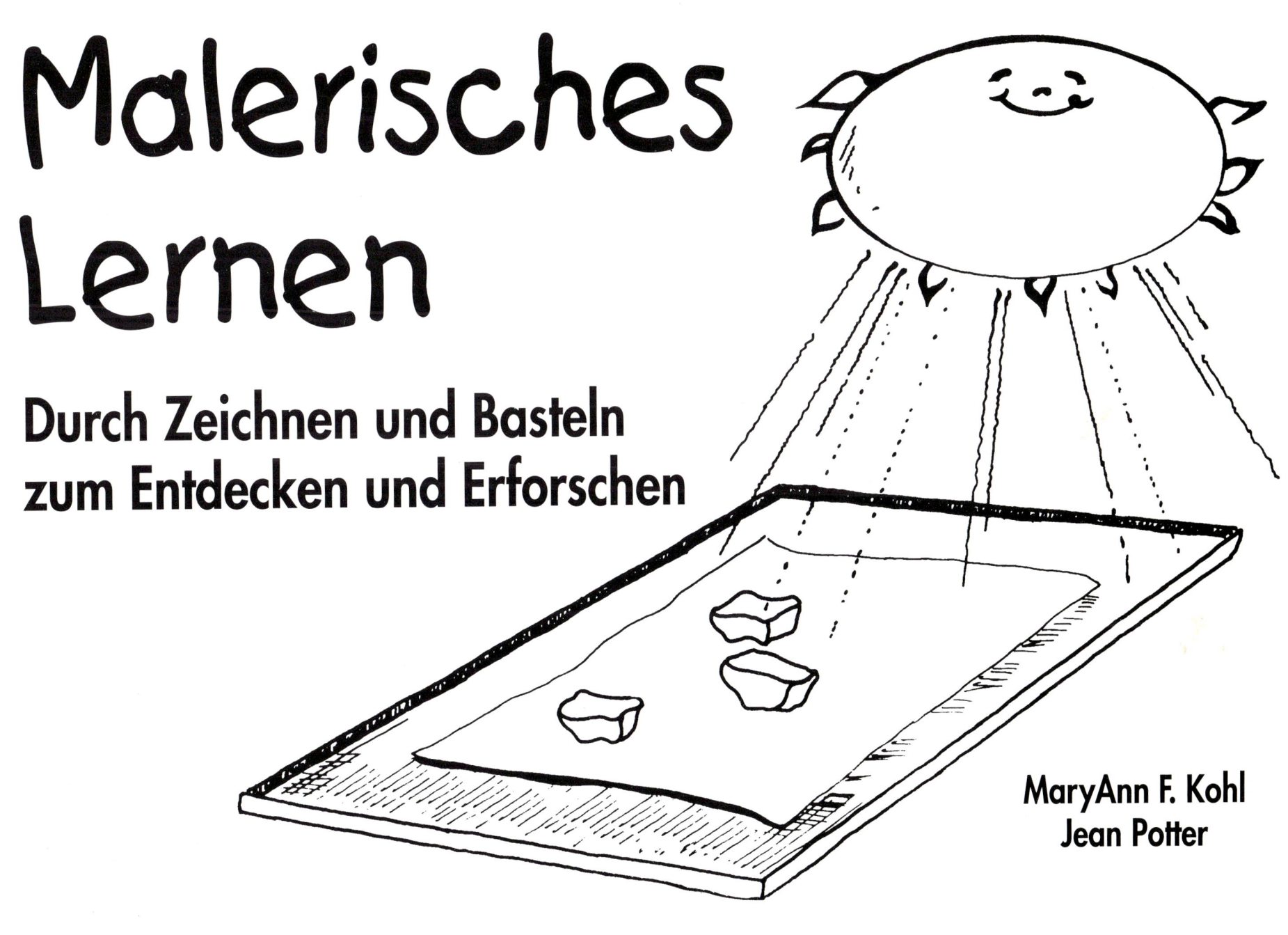

MaryAnn F. Kohl

Jean Potter

Impressum

Titel der amerikanischen Originalausgabe:
Science Arts. Discovering Science Through Art Experiences.

© **1993 MaryAnn F. Kohl / Bright Ring Publishing**
P.O. Box 5768, Bellingham, WA 98227.

Autorinnen: MaryAnn F. Kohl, Jean Potter
Illustrationen: K. Whelan Derry

© **1994** für die deutschsprachige Ausgabe beim
Verlag an der Ruhr,
Postfach 10 22 51, 45422 Mülheim an der Ruhr
Alexanderstraße 54, 45472 Mülheim an der Ruhr

Übersetzung: Bettina Meirose
Redaktion: Peter Südhoff
Layout: Monika Helwig
Illustrationen: K. Whelhan Derry
Umschlag: Monika Helwig
Druck: DAN, Ljubljana (Slowenien)

Gedruckt auf chlorfrei gebleichtem Papier.

ISBN 3-86072-165-8

**Verlag
an der Ruhr**

Zum Gebrauch der Symbole

Am oberen Rand jeder Seite sowie im Inhaltsverzeichnis finden sie graphische Symbole, die Ihnen einen schnellen Zugriff auf die Experimente ermöglichen. Mit Hilfe der Symbole können Sie z.B. herausfinden, welche Materialien und Bedingungen für das Experiment gebraucht werden oder wie zeitaufwendig die Vorbereitung ist. Natürlich sind die Symbole wie die Versuchsanleitungen nur Vorschläge. Sie können eigene Techniken ausprobieren oder die Projekte im Bedarfsfall abändern, um Sie den Bedürfnissen der Eltern, Lehrer und Kinder anzupassen.

Altersstufe

ab 7 Zeigt an, ab welchem Alter ein Kind das Experiment ohne Hilfe eines Erwachsenen durchführen kann, verdeutlicht also auch den Schwierigkeitsgrad des Projektes. Natürlich unterscheiden sich die Kinder einer Altersstufe in Ihren Fähigkeiten und Interessen. Bitte verstehen Sie die Altersangabe deshalb als einen Vorschlag, nicht als starre Regel.

Arbeitstechnik

Weist auf die Arbeitstechniken hin, die in dem Experiment angewendet werden.

   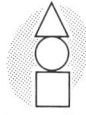 

| zeichnen färben | malen tuschen | mischen | plastisches Gestalten | schneiden |

Planung/Vorbereitung

Hier erfahren Sie, wie zeitaufwendig die Vorbereitung und Planung des Experimentes ist.

kurz   mittel   lang

Hitze

 Für die Durchführung dieser Projekte benötigen Sie einen Ofen, eine Herdplatte oder ein Bügeleisen.

Jahreszeit

Das Projekt sollte in einer der vier Jahreszeiten durchgeführt werden. Projekte, die Sie zu jeder Jahreszeit durchführen können, tragen kein Symbol.

Frühling   Sommer   Herbst   Winter

Freiluftprojekt

Die Vorbereitung und/oder die Durchführung dieser Experimente findet nicht in geschlossenen Räumen, sondern im Freien statt. Für einige Experimente braucht man einen warmen Tag, für andere eine Nacht unter 0 °C, eine Spielfläche mit einem Sandkasten, eine Gegend mit Bäumen etc.

Hilfestellung

Zeigt an, daß das Kind bei der Vorbereitung oder Durchführung dieser Projekte die Hilfe eines anderen Kindes oder die eines Erwachsenen benötigen wird.

Vorsicht

Zeigt an, daß scharfe, heiße oder elektrische Gegenstände benutzt werden. Hier sollte mehr Vorsicht und eine Beaufsichtigung der Kinder gewährleistet sein. Generell sollte ein Erwachsener die Schritte machen, bei denen ein Vorsichtszeichen steht.

Erklärung

Hier findet sich die naturwissenschaftliche Erklärung für das, was im Experiment geschehen ist. Jedes Kunstexperiment beinhalt einen naturwissenschaftlichen Sachverhalt, der hier erläutert wird.

Stichwort

Am oberen Rand jeder Seite, direkt unter den graphischen Symbolen, wird mit einem Stichwort der naturwissenschaftliche Sachverhalt angegeben, der das jeweilige Experiment kennzeichnet. Wenn z.B. mit Öl und Wasser gearbeitet wird, steht das Wort "unvermischbar" in der oberen Ecke der Seite, weil es am besten die wissenschaftliche Komponente dieses Experimentes beschreibt. Die meisten dieser Stichworte finden Sie auch im Glossar.

Inhaltsverzeichnis

Einleitung

Kindern macht es Spaß zu basteln, zu malen, Phantasieskulpturen oder auch Mobiles herzustellen. Ihre natürliche Kreativität wird hier verbunden mit ihrem Forscherdrang, ihrer Lust etwas auszuprobieren und die Welt um sich zu erkunden. Die Projekte, die wir Ihnen vorstellen, geben Ihren Kindern die Möglichkeit durch Kunstexperimente die Wunder der Natur zu entdecken: Durch Salzbilder (Kristalle), Grasgemälde (Chlorophyll), Sonnenuhren (Erdrotation), Pflanzendrucke (Pigmente) und 100 weitere Experimente mit überraschenden Effekten und mit Reaktionen, die neugierig machen. Das "Warum?", die Frage nach dem naturwissenschaftlichen Zusammenhang, der sich hinter den Experimenten verbirgt, stellt sich aus diesen Aktivitäten von selbst. Insofern ist dieses Buch auch ein Beitrag für ein aktives und ganzheitliches Lernen.

Thematisch ist der Band in fünf Sachgebiete gegliedert:
- ◆ Wasser und Luft,
- ◆ Licht und Lichteffekte,
- ◆ Bewegung und Energie,
- ◆ Ursache und Wirkung,
- ◆ Natur und Erde.

Das Glossar im Anhang bietet Ihnen zudem die Möglichkeit, für spezifische naturwissenschaftliche Phänomene (Verdunstung, Dichte, Reibung usw.) die jeweils passenden Experimente zu finden.
Sie können die Projekte aber auch nach der künstlerischen Arbeitstechnik auswählen, die bei dem jeweiligen Projekt im Vordergrund steht. Das Inhaltsverzeichnis zeigt Ihnen, bei welchem Experiment vor allem gemalt, wo modelliert, konstruiert oder gezeichnet wird. Die Experimente selbst sind leicht umsetzbar und die meisten Materialien finden sich in jedem Haushalt und an jeder Schule.

Geeignet sind die Projekte für Kinder von 5-10 Jahren. Natürlich unterscheiden sich die Kinder auf jeder Altersstufe in ihren Fähigkeiten und Interessen. Verstehen Sie den Altersvorschlag, den wir für jedes Projekt gemacht haben, deshalb bitte nicht als starre Regel. Für die Projektauswahl sollte Ihr Wissen um die verschiedenen Fähigkeiten der Kinder ausschlaggebend sein. Und natürlich können Sie die Projekte verändern, um sie Ihren Bedürfnissen und denen der Kinder anzupassen.
Kurzum: Lassen Sie Ihre Kinder entdecken und erkunden, probieren und experimentieren, erschaffen und kreieren.

Wir wünschen Ihnen viel Freude dabei.

Das Schönste, was wir entdecken können ist das geheimnisvolle. Hier liegt der Ursprung von wahrer Kunst und wahrer Wissenschaft.

- Albert Einstein -

Kapitel 1
Wasser und Luft

ab 6

Diffusion

Nasse Bilder

Benötigtes Material

✓ Wasser
✓ ein breites flaches Gefäß
✓ ein Backblech mit hochgestellten Kanten
✓ mit Wasser verdünnte Temperafarbe
✓ eine Pipette
✓ Zeichenpapier
✓ Zeitungen

So geht es

1. Das Papier wird in das flache Gefäß getaucht und sorgfältig befeuchtet.
2. Danach wird es auf das Backblech gelegt.
3. Lassen Sie nun die Kinder mit der Pipette verschiedene Temperafarben auf das feuchte Papier tropfen.
4. Zum Schluß wird das Bild vom Backblech genommen und zum Trocknen auf die Zeitungen gelegt.

Varianten

❖ Anstelle der Pipette können auch andere Dinge in die Farbe getaucht werden, z.B.:
  - Ohrenstäbchen
  - Pinsel
  - Trinkhalme
  - Federn
  - dünne Äste.
❖ Die Kinder können das feuchte Papier mit bunter Kreide, mit wasserlöslichen Filzstiften oder mit Wasserfarbe bemalen.

Erklärung

Wenn ein Tropfen Farbe auf feuchtes Papier fällt, werden die Farbteilchen durch das Wasser auf dem Papier langsam zerstreut oder ausgebreitet. Das gegenseitige Durchdringen zweier Gase oder Flüssigkeiten entsteht durch die Bewegung der Moleküle und wird Diffusion genannt.

Feuchttrockene Bilder

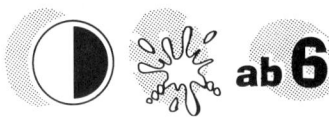

Benötigtes Material

✓ Wasser
✓ ein breites flaches Gefäß
✓ ein Backblech mit hochgestellten Kanten
✓ pulverisierte Temperafarben
✓ einige Salzstreuer
✓ Zeichenpapier
✓ Zeitungen

So geht es

1. Geben Sie die verschiedenen Temperafarben in die Salzstreuer und drehen Sie sie um, um sicherzugehen, daß sich die Farbe herausstreuen läßt.
2. Füllen Sie das flache Gefäß zur Hälfte mit Wasser.
3. Legen Sie das Zeichenpapier in das Gefäß und befeuchten Sie es sorgfältig. Danach wird es sofort auf das Backblech gelegt.
4. Die Kinder können nun die verschiedenen Temperafarben auf das nasse Papier streuen.
5. Zum Schluß nehmen wir das Papier vom Backblech und legen es zum Trocknen auf die Zeitungen.

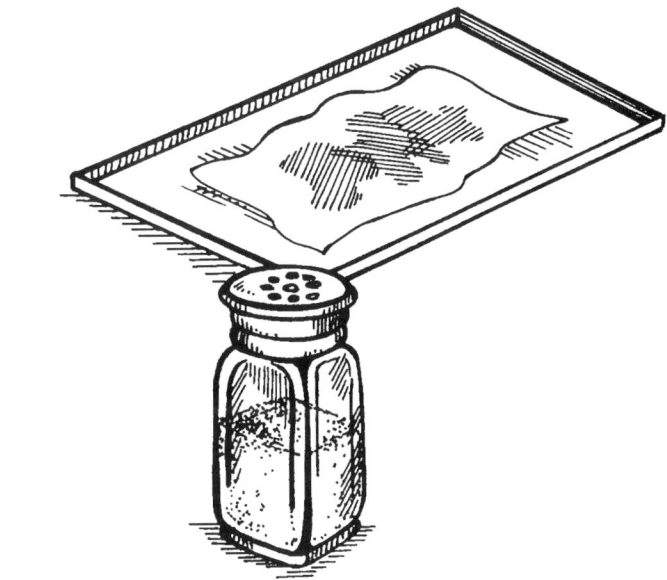

Varianten

❖ Die Kinder können auch zuerst ein Bild auf das Zeichenpapier malen, es dann befeuchten und danach die Temperafarbe darüberstreuen.
❖ Lassen Sie die Kinder auf das Naß-Trocken Bild Salz streuen, damit sie beobachten können, wie Salzkristalle mit Wasser reagieren.
❖ Wir können auch trockene Farbe auf trockenes Papier streuen und damit bei Regenwetter nach draußen gehen. So können die Kinder beobachten, wie die Regentropfen auf das Bild prasseln.

Erklärung

Wenn trockene Temperafarbe auf das nasse Papier gegeben wird, werden die Farbpartikel vom Wasser absorbiert und beginnen dann, sich aufzulösen. Die flüssige Farbe wird aufgespalten, im Wasser ausgebreitet, und bildet Figuren und Muster.

ab 5

unlöslich

Unsichtbare Malerei

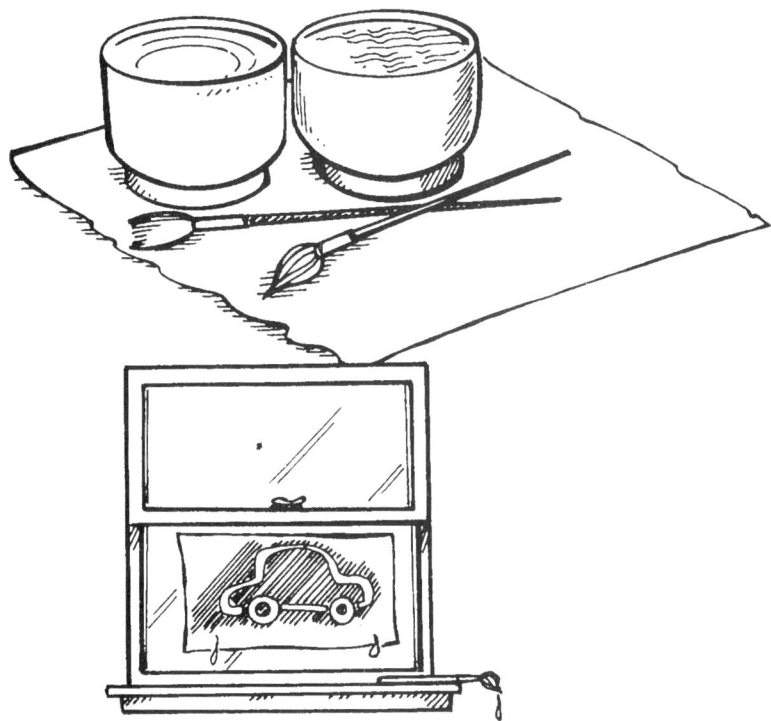

Benötigtes Material

✓ eine Tasse Speiseöl
✓ Pergamentpapier
✓ Pinsel
✓ eine Tasse mit Wasser
✓ ein Fenster oder eine andere Lichtquelle

So geht es

1. Lassen Sie die Kinder mit dem Speiseöl ein Bild auf das Pergamentpapier malen.
2. Damit sie das Bild besser sehen können, sollen die Kinder es vor eine Lichtquelle halten.
3. Nun malen wir mit einem wassergetränkten Pinsel über das Bild, auch über die Flächen, die nicht mit Öl bedeckt sind.
4. Wir beobachten, wie Öl und Wasser aufeinander reagieren.

Varianten

❖ Die Kinder können auch das Ölbild mit einem nassen Schwamm verwischen.
❖ Oder das Wasser-Öl-Bild mit Wasserfarben übermalen.
❖ Oder das Wasser-Öl-Bild mit wasserunlöslichen Filzstiften übermalen.

Erklärung

Öl und Wasser sind unlöslich, das heißt sie lassen sich nicht miteinander vermischen. Wenn das Öl auf das Pergamentpapier gegeben wird, wird es von dem Papier absorbiert oder, anders ausgedrückt, das Papier wird vom Öl durchtränkt und es kann sich nicht mit dem Wasser vermischen. Aber dort, wo kein Öl auf dem Papier ist, kann das Wasser leicht vom Papier aufgesogen werden.

Wasserspiele

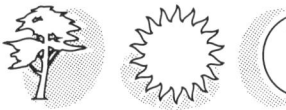 **ab 5**

Benötigtes Material

✓ Eimer
✓ Malerpinsel
✓ Wasser
✓ eine Landschaft mit Gehwegen, Felsen oder Gebäuden

So geht es

1. Füllen Sie den Eimer mit Wasser.
2. Die Pinsel werden in das Wasser getaucht.
3. Gehen Sie mit den Kindern nach draußen und lassen Sie sie Gehwege, Gebäudeteile, Felsen, einen Spielplatz, Schaukeln und anderes mit Wasser bemalen.
4. Sie können Bilder auf den Asphalt malen oder einfach nur die oben genannten Dinge mit ein wenig Wasser benetzen.
5. Wenn das Wasser verdunstet oder getrocknet ist, wird das Experiment noch einmal wiederholt.

Varianten

❖ Die Kinder markieren mit einem Stift den Wasserstand in ihren Eimern und lassen ihn den ganzen Tag über draußen stehen. Am Abend können sie dann den Wasserstand überprüfen, um zu sehen, wieviel Wasser verdunstet ist.
❖ Die Kinder können ihre Puppenkleider oder andere Kleidung waschen, zum Trocknen aufhängen und den Trockenvorgang beobachten.

Erklärung

Wenn Wasser, also eine Flüssigkeit, auf eine Oberfläche gestrichen wird, wird es zu Wasserdampf, einem Gas, das in die Luft entweicht. Dieser Vorgang wird Verdunstung genannt. Sonne und Wind lassen Wasser aus Flüssen und Seen verdunsten. Wenn die Luft von Wasserdampf erfüllt ist und wenn sich der Wasserdampf abkühlt, wird er wieder zu einer Flüssigkeit. Diese kennen wir als Regen.

Öl- und Wasserbilder

Benötigtes Material

- ✓ Papier
- ✓ Speiseöl
- ✓ zwei Farben Temperafarbe
- ✓ zwei Tassen (500 ml)
- ✓ zwei Pipetten
- ✓ Wasser
- ✓ Löffel
- ✓ eine Kuchenform mit hochgestellen Seiten

So geht es

1. Vermischen Sie eine der Farben mit Wasser in einer Tasse, bis sie dünn und wäßrig ist.
2. Vermischen Sie die andere Farbe in einer Tasse mit Öl.
3. Legen Sie ein Blatt Papier in die Kuchenform.
4. Lassen Sie die Kinder mit einer Pipette das Tempera-Wasser-Gemisch auf das Papier tropfen.
5. Nun können Sie mit der zweiten Pipette das Tempera-Öl-Gemisch über das Tempera-Wasser-Gemisch tropfen lassen.
6. Die Kuchenform wird nun gerüttelt, damit sich die Flecken vermischen. Die Ölfarbe legt sich über die Wasserfarbe und erzeugt ungewöhnliche Motive.

Varianten

- ❖ Arbeiten Sie mit mehr als zwei Farben.
- ❖ Verwenden Sie verschiede Papiersorten.
- ❖ Sie können auch größere Kuchenformen oder ein Tablett, größeres Papier und anstelle der Pipette einen Soßenlöffel verwenden.

Erklärung

Öl und Wasser können nicht vermischt werden, sie sind also unlöslich. Wenn die Ölfarbe auf die Wasserfarbe gegeben wird, bleiben die beiden Flüssigkeiten getrennt und bilden Formen aus, die sich aus ihrer Dichte ergeben. Die Wasserfarbe ist kompakter, sie hat eine höhere Dichte und bildet den Hintergrund; die Ölfarbe hat eine geringere Dichte, gleitet auf dem Wasser und bildet den Vordergrund.

Ölbilder

Benötigtes Material

- ✓ Speiseöl
- ✓ pulverisierte Temperafarbe
- ✓ Papier
- ✓ eine runde Backform
- ✓ Wasser
- ✓ Löffel
- ✓ Tassen
- ✓ Zeitungen

So geht es

1. Vermischen Sie die pulverisierte Temperafarbe mit dem Öl in einer Tasse. Mischen Sie so lange, bis sich eine cremige Emulsion bildet.
2. Die Kuchenform wird zur Hälfte mit Wasser gefüllt.
3. Mit dem Löffel werden nun ein paar Tropfen des Ölfarbengemisches auf die Wasseroberfläche getropft.
4. Rühren Sie das Gemisch mit einem Löffel vorsichtig um.
5. Nun legen Sie ein Stück Papier auf die Wasser-Öl-Oberfläche der Kuchenform. Lassen Sie das Papier etwa eine Minute schwimmen.
6. Die Kinder können jetzt das Papier vorsichtig an den Ecken aus dem Wasser nehmen.
7. Zum Schluß wird das Papier zum Trocknen auf die Zeitungen gelegt.

Varianten

- ❖ Die Kinder können die Ölbildmuster als Notizkärtchen, als Buchumschlag oder als Geschenkpapier benutzen.
- ❖ Sie können den gleichen Versuch mit gewachstem Papier, Papiertellern oder Plastikhüllen machen.
- ❖ Die Kinder können Glitzersteinchen auf das nasse Ölbild streuen.
- ❖ Wenn die Kinder die trockene Temperafarbe mit Salz vermischen, erhalten sie ein glitzerndes Bild.

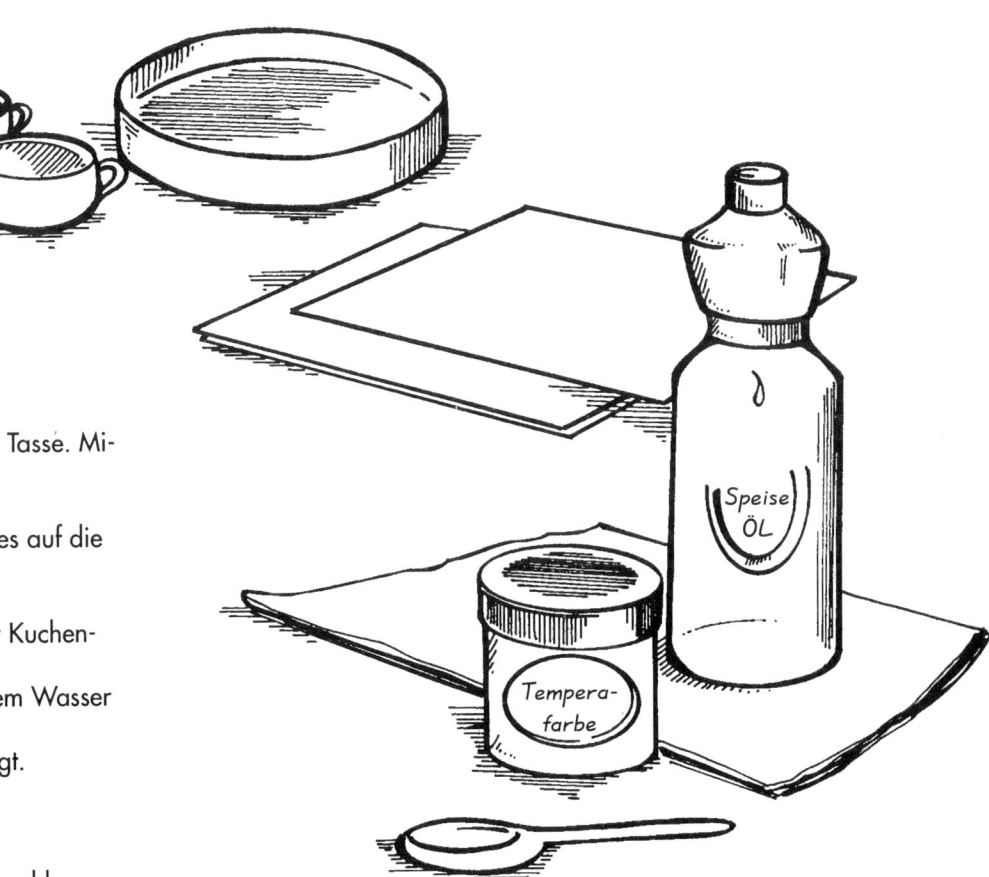

Erklärung

Wasser und Öl können sich nicht vermischen, sie sind unlöslich. Die Ölfarbe schwimmt auf der Wasseroberfläche, denn Wasser hat eine höhere Dichte als Öl. Das Öl wird sich nicht im Wasser auflösen, das Öl bleibt beim Öl, das Wasser beim Wasser.

Gefrorener Teller

Kristalle/Gefrierpunkt

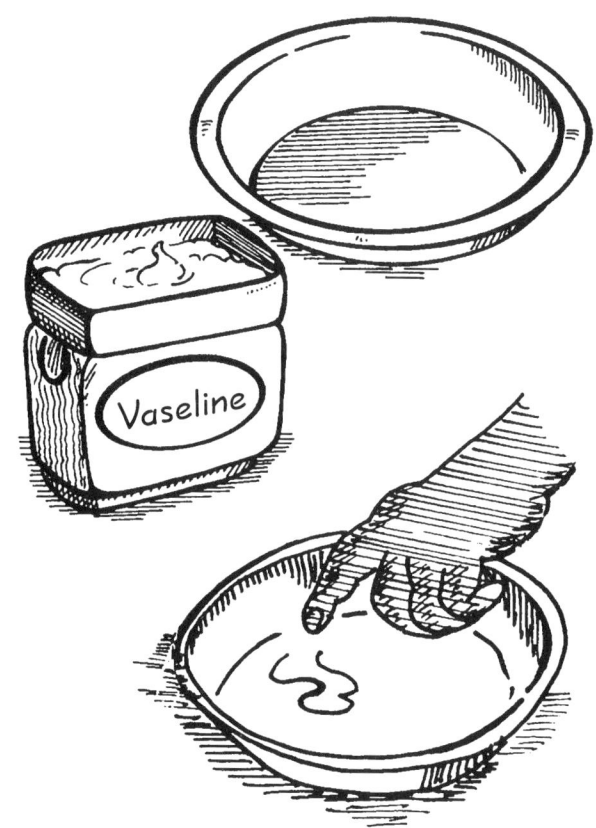

Benötigtes Material

- ✓ Vaseline
- ✓ Auflaufform aus durchsichtigem Glas
- ✓ Gefrierschrank

So geht es

1. Der Glasboden der Auflaufform wird mit Vaseline bedeckt.
2. Lassen Sie die Kinder mit den Fingern ein Muster in die Vaseline malen.
3. Jetzt waschen wir uns erst einmal die Hände.
4. Die Auflaufform wird für zwei Stunden in den Gefrierschrank gestellt.
5. Die Kinder können jetzt die Auflaufform aus dem Gefrierschrank nehmen und das Gefriermuster bewundern.

Erklärung

Wasser ist eine einzigartige Substanz, denn es kann Eis (ein Festkörper), Wasser (eine Flüssigkeit) oder Wasserdampf (ein Gas) sein, und das innerhalb kleiner Temperaturunterschiede. Wenn man Vaseline in einen Gefrierschrank stellt, gefriert der Wasserdampf. Er bildet auf dem Gelee Kristalle, die man leicht in dem Muster der Fingermalerei erkennen kann. Ab einer Temperatur von 0°C bewegen sich die Wasserdampfmoleküle langsamer. In der Form von Eiskristallen werden sie zu einem festen Körper mit einem regelmäßigen Muster.

Gefrorenes Papier

Benötigtes Material

✓ Gefrierschrank (oder ein Tag unter 0 °C)
✓ festes Papier
✓ Wasser
✓ eine breite, flache Schüssel
✓ ein Kuchenblech
✓ Wasserfarben und Pinsel

So geht es

1. Tauchen Sie das Papier in die Schüssel, bis es ganz naß ist.
2. Danach wird das Papier auf das Backblech gelegt.
3. Das Backblech mit dem Papier in den Gefrierschrank oder (im Winter) nach draußen stellen.
4. Holen Sie das gefrorene Papier aus dem Gefrierschrank und lassen Sie die Kinder darauf malen, bevor es auftaut.

Varianten

❖ Verwenden Sie verschiedene Papiersorten - Papierhandtücher, Kaffeefilter, Zeichen- oder Schreibmaschinenpapier.
❖ Die Kinder können mit Kreide auf gefrorenem Papier malen.
❖ Bemalen Sie das gefrorene Papier mit Temperafarbe.

Erklärung

Wenn Wasserfarbe mit gefrorenem Papier in Berührung kommt, kühlt sie ab und gefriert. Durch die Kühlung verlangsamt sich die Bewegung der Farbmoleküle. Wenn das Papier auftaut oder das Eis schmilzt, können sich die Farb- und Wassermoleküle schneller bewegen und leichter miteinander vermischt werden, fast so, wie Farben und Wasser sich normalerweise zueinander verhalten.

Würfel-Malerei

Gefrierpunkt/Schmelzpunkt

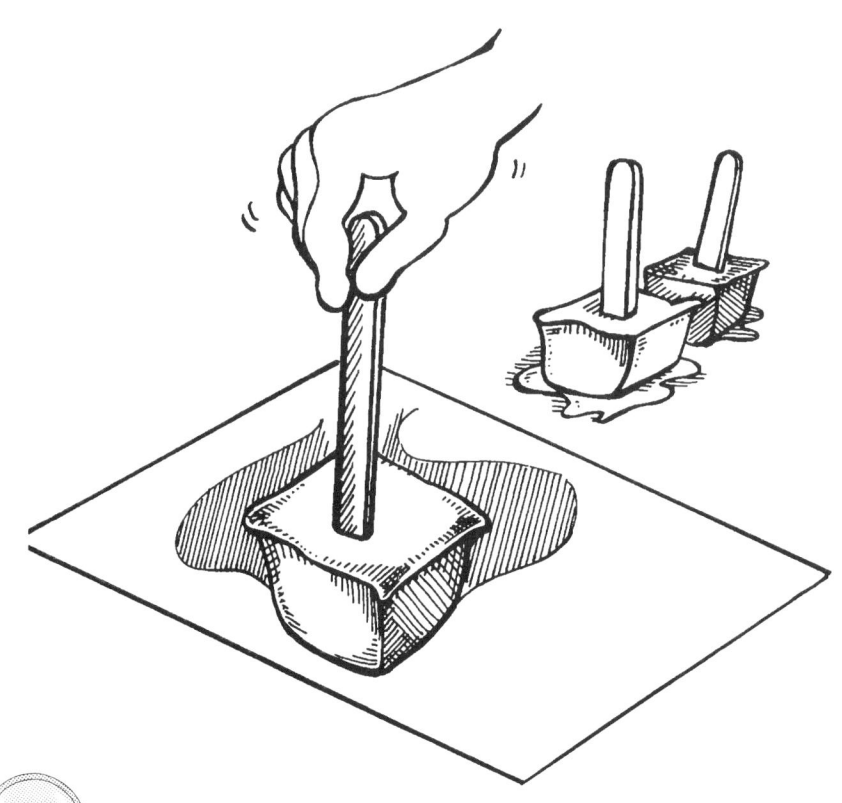

Benötigtes Material
- ✓ 2 Meßbecher
- ✓ Eiswürfelboxen aus Plastik
- ✓ Wasser
- ✓ 2 Farben Temperafarbe
- ✓ Eisstiele
- ✓ weißes Zeichenpapier
- ✓ Gefrierschrank
- ✓ Papier

So geht es
1. In den Meßbechern wird je eine Temperafarbe mit Wasser so lange vermischt, bis sie sich im Wasser aufgelöst hat und das Wasser leicht verfärbt ist.
2. Die Farbe wird in die Eisboxen gegeben.
3. Stecken Sie in jede Eisschale einen Eisstiel.
4. Lassen Sie die Tempera-Wasser-Mischung gefrieren.
5. Wenn die Mischung gefroren ist, entfernen Sie die Plastikschalen von dem Eis.
6. Die Kinder können nun ein Bild auf das weiße Zeichenpapier malen, indem sie die Eisstiele festhalten und mit den Eiswürfeln das Papier bemalen.

Varianten
- ❖ Verwenden Sie anstatt der Eiswürfelboxen eine Puddingform.
- ❖ Sie können auch verschieden gefärbte Eiswürfel benutzen.

Erklärung

Wenn das Wasser- und Farbengemisch auf eine Temperatur von 0°C oder weniger abgekühlt wird, gefriert es. Es verändert sich von einer Flüssigkeit zu einem festen Körper. Nimmt man die Eiswürfel aus dem Gefrierschrank, beginnen sie zu schmelzen, denn die Temperatur ist nun höher als 0°C. Das Eis schmilzt zu einer flüssigen Farbe, wenn es mit dem Eisstiel über das Papier geführt wird.

Bunte Eisbilder

Benötigtes Material

✓ verschiedene Lebensmittelfarben
✓ Wasser
✓ Eiswürfelboxen aus Plastik
✓ Gefrierschrank
✓ Papier
✓ Tassen
✓ Löffel
✓ ein warmer, sonniger Tag

So geht es

1. Jede Lebensmittelfarbe wird mit Wasser in einer Tasse vermischt.
2. Füllen Sie die verschiedenen Wasserfärbungen in jeweils eigene Fächer der Eiswürfelbox. Die Fächer werden nur zu einem Viertel gefüllt.
3. Die Eiswürfelbox wird so lange in den Gefrierschrank gestellt, bis die Eiswürfel gefroren sind.
4. Nehmen Sie die bunten Eiswürfel aus der Eiswürfelbox.
5. Lassen Sie die Kinder das Papier und die Eiswürfel mit nach draußen nehmen.
6. Die Eiswürfel werden nun auf das Papier gelegt. Sie schmelzen und die Farben werden sich dabei vermischen.
7. Das Eiswürfelbild vollständig trocknen lassen.

Varianten

❖ Die Kinder können Eisstiele in die Eiswürfelboxen stecken, bevor sie sie einfrieren. Wenn sie gefroren sind, können die Kinder das Eis an den Stielen festhalten und mit den Eiswürfeln malen.
❖ Die Kinder können auch nur einen einzelnen Eiswürfel benutzen und auf dem Papier schwenken; so malt der Eiswürfel das Bild.

Erklärung

Wenn das gefärbte Wasser in einen Gefrierschrank gestellt wird, der 0°C oder weniger Temperatur hat, wird die Flüssigkeit zu einem Festkörper. In sehr kurzer Zeit bewegen sich die Wassermoleküle langsamer, so lange, bis das Wasser gefriert, also zu Eis wird. Sobald das Eis aus dem Gefrierschrank genommen wird, und die Temperatur höher als 0°C ist, beginnt es zu schmelzen. Es wechselt in seinen flüssigen Zustand und wird wieder zu Wasser. Weil das Wasser gefärbt und nicht klar ist, vermischen sich beim Schmelzen die Farbmuster und breiten sich auf dem Papier aus.

Regentanz

Benötigtes Material

✓ ein regnerischer Tag
✓ weißes Papier
✓ Temperafarben
✓ Pinsel

So geht es

1. Die Kinder bemalen mit Temperafarbe das Papier.
2. Gehen Sie mit den Kindern nach draußen, und lassen Sie die Kinder das Bild mit der Oberfläche nach oben in den Regen halten, so daß Regentropfen darauf fallen können.
3. Danach legen Sie das Bild zum Trocknen in einen Innenraum.

Varianten

❖ Sie können auch weißes, unbemaltes Papier in den Regen legen und es danach in einem Innenraum bemalen.
❖ Sie können ein paar Spritzer pulverisierte Temperafarbe auf das Papier geben und den Regen auf die trockene Farbe prasseln lassen.
❖ Bemalen Sie das Papier und besprenkeln Sie es dann mit einer Sprühflasche.

Erklärung

Wenn das Bild in den Regen gelegt wird, fallen einzelne Regentropfen darauf. Dort, wo ein Regentropfen aufschlägt, wird die Farbe verdünnt und breitet sich aus. In diesem Experiment ist die Diffusion die allmähliche Mischung von Farb- und Wassermolekülen. Die Diffusion von Wasser und Farbe formt in den trockenen Bildzonen Muster und Gebilde.

Schwimmendes Kreidemuster  ab 8

Benötigtes Material

- ✓ Zeichenpapier
- ✓ bunte Kreide
- ✓ eine große Kuchenform, zur Hälfte mit Wasser gefüllt
- ✓ Küchenreibe
- ✓ Wasser

So geht es

1. Zermahlen Sie die Kreide mit der Küchenreibe auf einem Stück Papier.
2. Besprenkeln Sie das Wasser in der Kuchenform mit den Kreidestückchen.
3. Lassen Sie das Papier vorsichtig ins Wasser gleiten.
4. Die Kinder können nun das Papier aus dem Wasser nehmen und die Kreidemuster betrachten.
5. Legen Sie das Kreide-Schwimm-Bild an einen Platz, an dem es über Nacht trocknen kann.

Varianten

- ❖ Die Kinder können nur die Ecken eines Papieres in die schwimmende Kreide halten.
- ❖ Legen Sie mehrere kleine Papierstücke in einen Eimer, dessen Oberfläche mit Wasser und Kreidestückchen bedeckt ist. Beide Papierseiten sollten mit Kreide bedeckt werden.

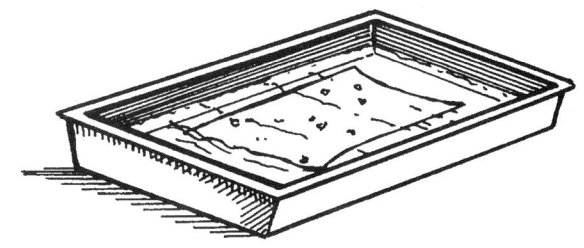

Erklärung

Normalerweise würde ein Stück Kreide versinken, wenn man es in ein Wasserbecken wirft. Es schwimmt aber, wenn man es vorher in sehr viele kleine Stücke zerteilt hat. Das Wasser bildet auf seiner Oberfläche eine "Haut" aus, die Dinge hält, die eigentlich versinken müßten. Diese dünne, elastische "Haut" ist die Oberflächenspannung des Wassers. Sie wird von den Wassermolekülen verursacht, die sich gegenseitig anziehen und aneinander festhalten. Die Kreidestückchen sind so klein und leicht, daß die Oberflächenspannung des Wassers stark genug ist, um sie tragen zu können.

ab 6

Gefrierpunkt

Benötigtes Material

✓ Lebensmittelfarbe
✓ Verschiedene Behälter, z.B.:
  Joghurtbecher, Plätzchenformen, Eiswürfelschachteln, Puddingformen
✓ Schnee
✓ ein großer Kübel
✓ ein Tag, an dem es draußen friert

So geht es

1. Vermischen Sie in einem großen Kübel Lebensmittelfarbe und Wasser.
2. Das farbige Wasser wird nun in die verschiedenen Behälter gefüllt.
3. Stellen Sie die Behälter zum Frieren nach draußen.
4. Wenn das Eis gefroren ist, werden die Behälter in einen Innenraum gestellt.
5. Lassen Sie die Behälter bei Raumtemperatur etwas antauen, denn so können Sie das Eis besser aus den Formen lösen.
6. Die Kinder können die Eisformen mit nach draußen nehmen und daraus Skulpturen bauen. Der Schnee wird als Baumaterial, als Leim oder Zement benutzt. Zum Schluß lassen Sie das Kunstwerk gefrieren.

Erklärung

Wenn die Temperatur 0°C oder darunter ist, gefriert Wasser zu einer festen Substanz. Die Wassermoleküle bewegen sich sehr langsam und formieren sich zu einem geregelten Muster, das Eis genannt wird.

Eisige Salzskulptur

Benötigtes Material

✓ ein großer Eisklotz
   (am Vortag Wasser in einer großen Schüssel gefrieren lassen)
✓ 3/4 Tasse (190 ml) Salz
✓ Lebensmittelfarbe
✓ 1/4 Tasse (60 ml) warmes Wasser in Sprühflaschen, die auf "Strahl" gestellt sind
✓ Backform
✓ Schere

So geht es

1. Der Eisklotz wird in eine Backform gestellt.
2. Vermischen Sie in einer Sprühflasche warmes Wasser (1/4 Tasse), eine der Lebensmittelfarben und eine 3/4 Tasse Salz. Bereiten Sie zwei Sprühflaschen mit verschiedenen Farben vor. Zunächst werden die Sprühflaschen zur Seite gestellt.
3. Um das Eis zu glätten, schütten Sie eine Tasse Wasser über den Eisklotz.
4. Die Kinder spritzen nun das warme, gefärbte, salzige Wasser auf den Eisklotz. Sie sollten vorher überprüfen, ob die Flascheneinstellung auf "Strahl" und nicht auf "Sprühen" steht.
5. Spritzen Sie kleine Mengen der Flüssigkeit auf verschiedene Stellen des Eisklotzes. (Wenn zuviel Flüssigkeit auf eine Stelle trifft, können Sie mit klarem Wasser nachspülen. Versuchen Sie, Höhlen, Löcher, Spalten und Muster zu bilden.)
6. Die Eisskulptur ist fertig, wenn sie die von den Kindern gewünschten Formen und Farben hat.

Varianten

❖ Wenn Sie mehr als zwei Farbsprühflaschen benutzen, bekommen Sie größere Farbkontraste.
❖ Experimentieren Sie mit verschiedenen Eisblockgrößen.
❖ Lassen Sie die Kinder das gleiche Experiment ohne Salz machen.

Erklärung

Jede Substanz hat einen Schmelzpunkt, eine bestimmte Temperatur, bei der feste Stoffe flüssig werden. Der Schmelzpunkt von Eis ist 0°C. Der Schmelzpunkt von Kupfer liegt bei 1083°C. Wenn Salz in Wasser gelöst wird, wird der Schmelzpunkt des Eises herabgesetzt und das Eis schmilzt schneller.

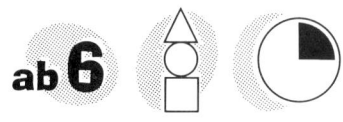
Bunte Flaschen

Diffusion

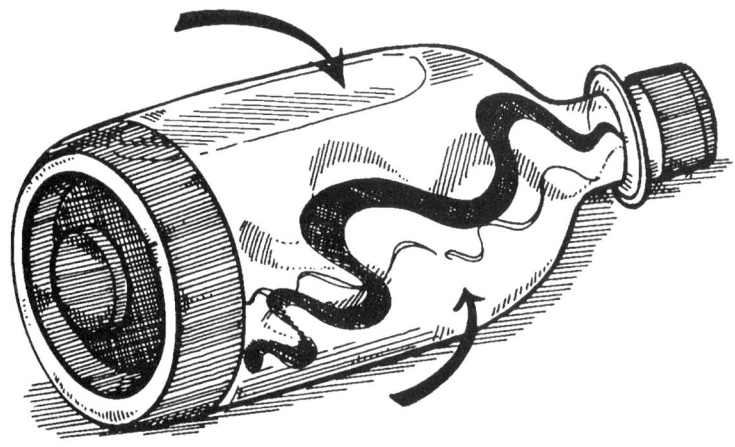

Benötigtes Material
✓ eine Plastikflasche mit Verschluß (Soda- oder Mineralwasser)
✓ Wasser
✓ Lebensmittelfarben
✓ Zeitungen oder ein Handtuch als Unterlage
✓ ein Tisch

So geht es
1. Die Plastikflasche wird mit Wasser gefüllt.
2. Zu dem Wasser in der Flasche werden ein paar Spritzer rote Lebensmittelfarbe gegeben.
3. Schrauben Sie den Flaschendeckel sehr fest auf die Flasche.
4. Die Kinder rollen die Flasche vor- und rückwärts über den Tisch und betrachten, wie sich die Farbe im Wasser zerstreut.
5. Der Flaschendeckel wird aufgeschraubt und wir fügen ein paar Spritzer blaue Lebensmittelfarbe hinzu.
6. Die Kinder rollen die Flasche erneut und betrachten die neue Farbmischung.
7. Die blaue und rote Lebensmittelfarbe wird nun durch Gelb ergänzt. Rollen Sie die Flasche, und betrachten Sie die Farbzerstreuung im Wasser.

Varianten
❖ Mischen Sie nur blau und gelb.
❖ Oder nur gelb und rot.
❖ Die Kinder bewahren die Flaschen auf und stellen sie in ein sonniges Fenster.
❖ Benutzen Sie andere Flaschen, Gefäße oder durchsichtige Kanister.

Erklärung

Wenn sich Lebensmittelfarben und Wasser in einer Plastikflasche in einem langsamen Vorgang vermischen, nennt man das Diffusion. Wird die rote Lebensmittelfarbe in das Wasser gegeben, bleiben die Farbmoleküle zuerst zusammen und verteilen sich nur allmählich im Wasser. Je mehr sich die roten Farbmoleküle ausbreiten, um so heller wird das Rot. Durch das Rollen der Flasche bewegt sich das Wasser, der Diffusionsprozeß wird auf diese Weise beschleunigt und die Moleküle bewegen sich schneller.

Flaschenfontäne

    ab **8**

Benötigtes Material

✓ eine leere Spülmittelflasche
✓ Nägel oder spitze Gegenstände
✓ Wasser
✓ Eimer oder Ausgußbecken
✓ eine Gegend draußen
✓ ein Handtuch

So geht es

1. Für dieses Experiment sollten Sie mit den Kindern nach draußen gehen. Lassen Sie die Kinder mit ihren Daumennägeln oder einem spitzen Gegenstand Löcher in die Spülmittelflasche stechen. Die Kinder sollten mit drei oder vier Löchern beginnen, die sie in den oberen und in den unteren Teil der Flasche bohren.
2. Halten Sie die Flasche über einen Eimer oder ein Ausgußbecken und füllen Sie sie mit Wasser.
3. Die Kinder sollen beobachten, wie das Wasser in verschiedenen Strahlenformen aus der Flasche strömt.
4. Wenn sie das Strahlenmuster betrachtet haben, können sie weitere Löcher in die Flasche bohren, bis das Wasser in der gewünschten Form aus der Flasche strömt.
5. Füllen Sie noch mehr Wasser in die Flasche und lassen Sie die Kinder beobachten, wie sich die neuen Wasserstrahlen teilen.
6. Sollte etwas Wasser danebengespritzt sein, wischen Sie es bitte mit einem Wischlappen auf.

Varianten

❖ Stellen Sie eine Plastikflasche auf den Bürgersteig, in die nur ein Loch gebohrt wurde. Die Kinder können jetzt Wasser in den Flaschenhals füllen und betrachten, wie weit der Wasserstrahl spritzt. Wenn Sie an einer anderen Stelle ein zweites Loch bohren, können die Kinder beobachten, wie sich der zweite Strahl zum ersten verhält. Führen Sie diesen Vorgang fort: Bohren Sie an verschiedenen Stellen Löcher in die Flasche und lassen Sie die Kinder beobachten, wie sich die Wasserstrahlen zueinander verhalten.

Erklärung

Die Wasserstrahlen, die aus der Flasche spritzen, sind nicht gleich lang. Der Druck des Wassers ist unterschiedlich hoch und wird durch die Schwerkraft verursacht, die alles zum Erdmittelpunkt zieht. Die kleinen Luftmoleküle, die auf die Wasseroberfläche drücken, verursachen im oberen Teil der Flasche nur einen schwachen Wasserstrahl. Im unteren Bereich der Flasche ist der Druck größer. Er wird durch die große Anzahl der Wassermoleküle verursacht. Am größten ist der Druck auf dem Flaschenboden. Hier werden die längsten Wasserstrahlen hervorgerufen.

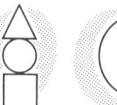
Flaschenoptik

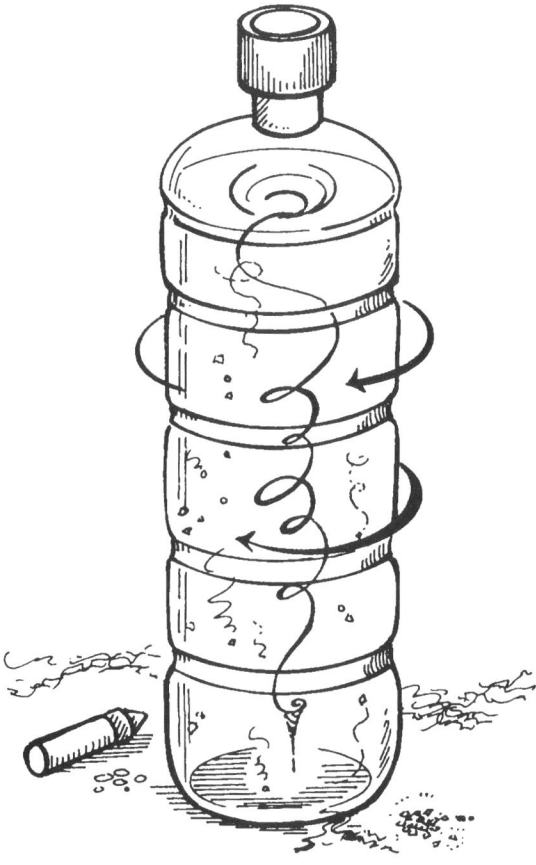

Benötigtes Material

✓ eine große, durchsichtige Plastikflasche (Soda- oder Mineralwasser)
✓ Wasser
✓ Buntstiftspäne
✓ Glitzerfolie
✓ Konfetti aus Pastik, Metall oder Papier
✓ ein wenig Ostergras

So geht es

1. Die Flasche wird mit Wasser gefüllt.
2. Die Kinder füllen Buntstiftspäne, Glitzerfolie oder andere schwimmende Materialien (z.B. Ostergras) in die Flasche und schrauben den Flaschenverschluß fest zu.
4. Jetzt schütteln wir die Flasche und beobachten, wie sich die Gegenstände bewegen.
5. Lassen Sie die Kinder die Flasche nur in eine Richtung drehen, vielleicht gelingt es ihnen, eine Wirbelbewegung zu verursachen.
6. Die Kinder können die Flasche in verschiedene Richtungen stupsen und schütteln und die verschiedenen Bewegungsmuster beobachten.

Varianten

❖ Färben Sie das Wasser mit Lebensmittelfarbe.
❖ Benutzen Sie schwimmende und sinkende Gegenstände. Beobachten Sie, wie sie auf die Wasserbewegung reagieren.

Erklärung

Buntstiftspäne und Glitzerfolie haben eine geringe Masse und ein geringes Volumen, sie sind leicht und klein. Da sie die gleiche Dichte wie Wasser haben, werden sie von dem herumwirbelndem Wasser getragen. Diese Stoffe schwimmen weder an der Wasseroberfläche, noch sinken sie auf den Flaschenboden. Sie schweben im Wasser und bewegen sich frei, wenn das Wasser geschüttelt und herumgewirbelt wird.

Wasserröhre

Benötigtes Material

✓ zwei Stücke durchsichtiges, biegsames Röhrenmaterial:
  1 m Röhrenmaterial mit 2 cm Durchmesser, 15 cm Röhrenmaterial mit
  1 cm Durchmesser
✓ Glitzerfolie
✓ Wasser
✓ Schere

So geht es

1. Die Röhre mit 2 cm Durchmesser wird auf die Länge von einem Meter geschnitten.
2. Ein Kind füllt etwas Glitzerfolie in ein Ende der Röhre. Ein anderes Kind sollte bei diesem, und bei dem folgenden Schritt, das andere Röhrenende nach oben halten.
3. Füllen Sie die Röhre zu 3/4 mit Wasser.
4. Schneiden Sie die Röhre mit dem Durchmesser von 1 cm auf die Länge von 15 cm.
5. Die Kinder stecken nun die Röhre mit dem kleineren Durchmesser durch beide Enden der breiteren Röhre, so daß die breitere Röhre verschlossen wird und einen Kreis bildet.
6. Jetzt können die Kinder die Wasserröhre bewegen, schütteln und dabei beobachten, wie die Glitzerfolie schwimmt, sinkt und herumwirbelt.

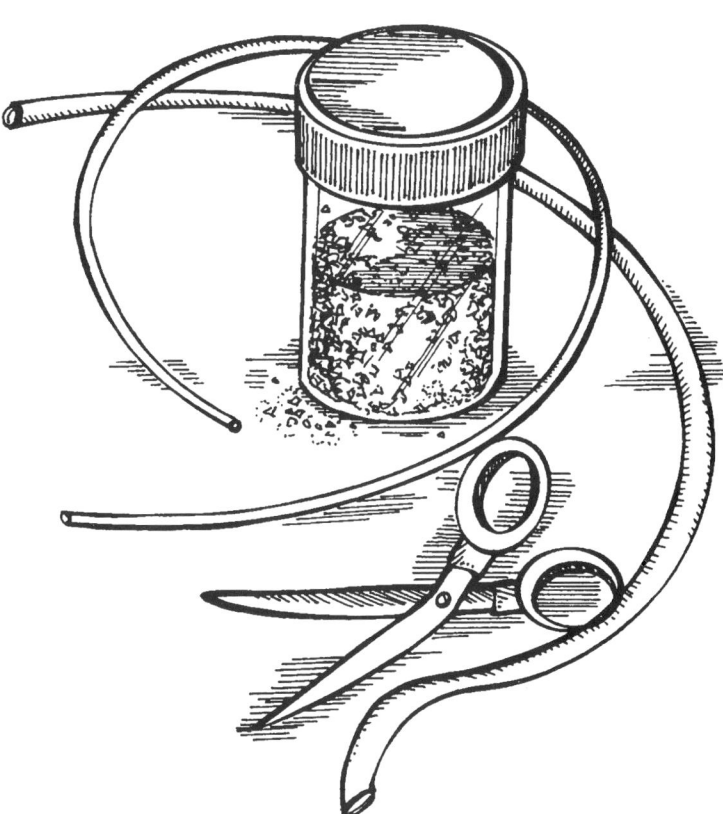

Varianten

❖ Wir können auch kleine Gegenstände wie Knöpfe, Schrauben und Schraubenmuttern suchen und in die Röhre füllen.
❖ Füllen Sie Seife und Wasser in die Röhre und schütteln Sie sie.

Erklärung

Die kleinen Stücke der Glitzerfolie werden von dem Wasser in der Röhre deshalb getragen, weil Glitzerfolie und Wasser fast die gleiche Dichte besitzen. Die Glitzerfolie ist in winzige Stücke geschnitten, die dünn und flach sind. Sie wird von den Wassermolekülen etwa so getragen, wie eine Feder getragen wird, die durch die Luft schwebt.

Symmetrie

Fließende Muster

Benötigtes Material
✓ eine eckige Kuchenform
✓ Wasser
✓ 30 ml Maisstärke
✓ Lebensmittelfarben in Quetschfläschchen
✓ Stiel oder Strohhalm

So geht es
1. Die Kuchenform wird etwa 1 cm tief mit Wasser gefüllt.
2. Maismehl wird löffelweise in das Wasser gegeben und das Ganze so lange verrührt, bis es milchig wird.
3. Geben Sie einen Tropfen blaue Lebensmittelfarbe in die Mitte der Kuchenform.
4. Die Kinder stecken einen Stiel in den Farbklecks und ziehen langsam eine gerade Linie. Währendessen sollen sie beobachten, wie sich Formen und Muster bilden.
5. Geben sie jetzt in die Nähe des Mittelpunktes der Kuchenform einen Tropfen gelbe und einen Tropfen blaue Lebensmittelfarbe, jeweils fünf Zentimeter entfernt von der blauen Farbe.
6. Die Kinder beobachten, wie sich neue Formen und Muster ausbilden, während sie den Stiel langsam zwischen den beiden Farbtropfen hin und herziehen.
7. Wir können noch mehr fließende Muster herstellen, indem wir auf verschiedene Stellen im Wasser Farbe träufeln und mit dem Stab darüberstreichen.

Varianten
❖ Benutzten Sie andere Farben.
❖ Die Kinder können in die Mischung aus Wasser und Maisstärke ein paar Tropfen Speiseöl träufeln.

Erklärung

Sobald Flüssigkeiten ineinanderfließen, bilden sie Formen und Muster. Wenn wir in die Wasser- und Maismehlmischung eine gerade Linie durch den Farbtropfen hindurch zeichnen, bilden sich identische Muster auf beiden Seiten der Linie. Die beiden Seiten des Musters sind symmetrisch, das heißt, daß ihre Form genau übereinstimmt.

Papier gestalten

Benötigtes Material

✓ Meßbecher
✓ Wasser
✓ in kleine Stücke zerissenes Zeitungspapier
✓ zerissenes, farbiges Transparentpapier
✓ Küchenmixer
✓ Sieb
✓ Salatöl in einer Sprühflasche/einem Zerstäuber
✓ Plätzchenformen
✓ Schwamm
✓ Papierhandtücher

◆ die Hilfe eines Erwachsenen

So geht es

1. Vermischen Sie 3½ bis 4 Tassen Wasser (875 ml/1l) mit einer ¼ Tasse (62,5 ml) kleingerissenem Zeitungspapier in einem Mixer.
2. Um mehr Farbe zu bekommen, fügen Sie ein paar Stückchen zerissenes Transparentpapier hinzu.
3. Der wäßrige Papierbrei wird abgeseiht, dabei wird so viel Wasser wie möglich abgeschüttet.
4. Sprühen Sie Öl in die Plätzchenformen.
5. Die Kinder drücken nun den Papierbrei in die Formen.
6. Mit dem Schwamm entfernen Sie das überschüssige Wasser auf dem Papierbrei.
7. Über die Plätzchenformen wird ein Papierhandtuch gelegt.
8. Stellen Sie die Formen an einen warmen Ort und lassen Sie sie gründlich trocknen.
9. Lösen Sie den bunten, getrockneten Papierbrei aus den Formen.

Varianten

❖ Fügen Sie beim Mixen noch andere Dinge hinzu: Glitzerfolie, andere Papierschnipsel oder ein wenig Gras.
❖ Den trockenen Papierbrei können wir als Perlen für eine Halskette, als Anhänger oder als Dekoration für einen Kindergeburtstag benutzen.

Erklärung

Papier besteht aus winzigen Fasern, die ineinander verflochten und zusammengepreßt sind. Wenn das zerissene Papier in Wasser eingeweicht und danach mit dem Küchenmixer vermengt wird, zerteilt sich das Papier wieder in Fasern. Papierhersteller bezeichnen diese nasse Masse als "Papiermaché". Wenn das Wasser aus der Papiermaché verdunstet ist, ist das Papier wieder ein trockener Festkörper. Wenn die Flüssigkeit Wasser zu einem Gas wird, das dann in die Luft entweicht, nennt man das Verdunstung. Der Verdunstungsprozeß wird beschleunigt, wenn man die Papierförmchen anwärmt, denn dann können sich die Wassermoleküle schneller bewegen.

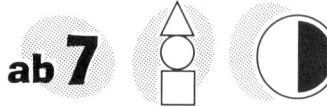

Schwimmende Skulpturen

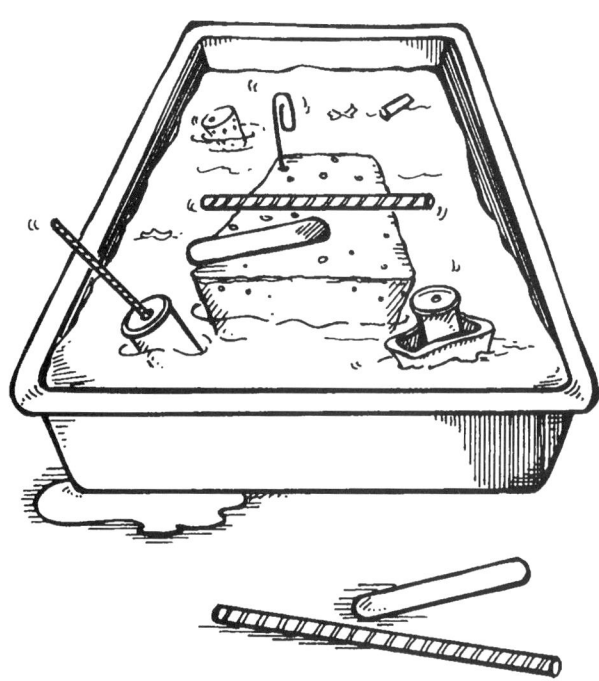

Benötigtes Material

✓ Schwimmende Gegenstände wie:
  Bootsteile, Korken, Styroporstücke, Folie, Schwämme, Strohhalme, Tonstücke,
  die wie Boote geformt sind, Zwirn und anderes
✓ Schere
✓ Kuchenform
✓ ein Handtuch, um die Hände abzutrocknen
✓ Wasser

So geht es

1. 3/4 der Kuchenform wird mit Wasser gefüllt.
2. Lassen Sie die Kinder prüfen, welche Gegenstände schwimmen und welche versinken.
3. Die Kinder können jetzt alle Gegenstände in der Kuchenform schwimmen lassen und auf einen Schwimmkörper weitere Gegenstände legen, um ihn zu verschönern oder zu komplettieren.

Varianten

❖ Die Kinder bewegen die schwimmende Skulptur, um die Art der Bewegung festzustellen und zu verändern.
❖ Lassen Sie verschiedene Gegenstände mit weißem Leim zusammenkleben. Die Skulpturen können Sie nun - je nach ihrer Größe und der benötigten Wassertiefe - in einer Backform, einer Schüssel oder in einem Kübel schwimmen lassen.
❖ Wir können auch Holzstückchen benutzen, um daraus eine Holzskulptur zu basteln.

Erklärung

Gegenstände wie Korken und leichtes Holz schwimmen im Wasser, weil die Wassermoleküle diese Gegenstände stärker nach oben halten als sie die Schwerkraft nach unten zieht. Die Aufwärtskraft des Wassers wird Tragkraft genannt. Wenn die Tragkraft des Wassers mit der Dichte der Gegenstände im Gleichgewicht ist, nennt man das Schwimmen. Ein Gegenstand versinkt dann, wenn er eine größere Dichte hat als das Wasser. Er wird stärker nach unten gezogen, als vom Wasser nach oben gedrückt.

Schwimmende Knete

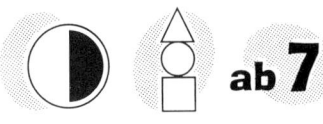

Benötigtes Material

- ✓ Modelliermasse oder Plastilin
- ✓ Murmeln
- ✓ Büroklammern
- ✓ eine tiefe Kuchenform, zur Hälfte mit Wasser gefüllt
- ✓ Zahnstocher
- ✓ Papierfetzen
- ✓ Klebstoff

So geht es

1. Die Kinder rollen ein kleines Stück Modelliermasse zu einer Kugel. Die Kugel wird dann flach gedrückt und der Rand wird aufgestellt, so daß ein Boot entsteht.
2. Wie unter (1) beschrieben werden weitere Boote gebastelt.
3. Die Kinder setzen Murmeln und Büroklammern in die Boote und beobachten, welche Boote schwimmen und welche versinken.
4. Aus Zahnstochern und Papierfetzen basteln wir kleine Segel, die in die Boote gesteckt werden. Was passiert, wenn die Kinder die Segel anpusten? Bewegen sich die Boote?

Varianten

- ❖ Die Kinder können nach anderen Materialien suchen, die schwimmen, wie zum Beispiel Deckel von Marmeladengläsern, Styroporplatten, Flaschenverschlüsse. Boote können Sie auch aus gebrauchter Aluminiumfolie basteln.

Erklärung

Eine Kugel aus Modelliermasse oder ein Stein haben eine größere Dichte als Wasser und versinken. Ihr Druck auf das Wasser ist größer als der Druck, mit dem das Wasser die Modelliermasse nach oben drückt. Damit eine Kugel aus Modelliermasse schwimmen kann, kann man sie in eine Tasse, in eine Schüssel oder in ein Boot umformen. Dadurch vergrößert sich das Volumen des Wassers, das von der Modelliermasse verdrängt wird, der Druck, mit dem das Wasser die Modelliermasse nach oben drückt, wird stärker, und das Boot schwimmt. Legen wir Murmeln oder Büroklammern in das Boot, erhöhen wir wiederum den Druck, den das Boot auf das Wasser ausübt.

Bunte Wellen

Emulsion/unlöslich

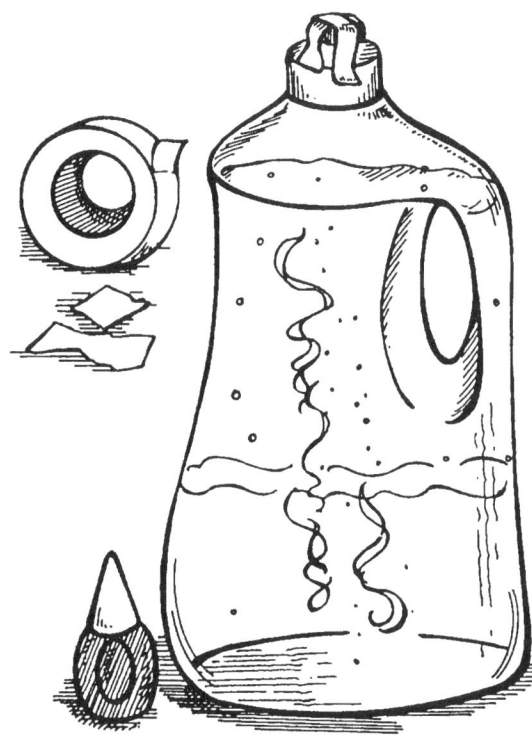

Benötigtes Material
✓ durchsichtige Plastikflasche
✓ Wasser
✓ Lebensmittelfarbe
✓ Babyöl
✓ Klebeband

So geht es
1. Wir füllen 1/3 der Flasche mit Wasser.
2. Die Kinder können so viele Tropfen Lebensmittelfarbe in das Wasser geben, bis es die von Ihnen gewünschte Farbe hat.
3. Den Rest der Flasche füllen wir mit Babyöl.
4. Verschließen Sie die Flasche mit dem Deckel, und kleben Sie über den Deckel etwas Klebeband.
5. Die Kinder sollen jetzt mit der Flasche experimentieren, sie hin und her schütteln, rollen und umherwirbeln, so daß sich bunte Wellen und Blasen bilden.

Varianten
❖ Die Kinder können auch noch andere Gegenstände in die Flasche füllen, wie zum Beispiel Glitzerfolie, Buntstiftspäne oder ein wenig Plastikkonfetti.
❖ Füllen Sie flüssiges Geschirrspülmittel in die Öl-Wasser-Flasche und schütteln Sie sie.

Erklärung

Das farbige Wasser und das Öl vermischen sich nicht, obwohl sie sich in der gleichen Flasche befinden. Wenn wir sie schütteln, werden sie sich kurz verbinden, aber sie werden sich wieder trennen, wenn wir sie ruhig stehen lassen. Öl und Wasser sind unlöslich, sie können sich nicht vermischen. Wenn wir Seife zusammen mit Öl und farbigem Wasser schütteln, entsteht eine Emulsion. Das sind Aufschlämmungen von winzigen Ölkügelchen in farbigem Seifenwasser. Die Seife hat das Öl in kleinere Ölkugeln gebrochen, die dann zwar im Wasser schweben, aber immer noch von ihm getrennt sind.

Kristallteig

  ab **5**

Benötigtes Material

- ✓ 3 Quetschfläschchen
- ✓ 3 Tassen
- ✓ 3 Farben Temperafarbe
- ✓ gleiche Teile Mehl, Salz und Wasser
- ✓ Papier
- ✓ Schüssel
- ✓ Löffel

So geht es

1. Mit einem Löffel werden gleiche Anteile Mehl, Salz und Wasser in eine Schüssel gefüllt und vermischt.
2. Geben Sie etwas Temperafarbe in die Mischung.
3. Ein Teil der Mischung wird in eines der Fläschchen gefüllt.
4. Mit den nächsten Fläschchen wiederholen wir den Vorgang, benutzen aber verschiedene Farben.
5. Die Kinder drücken mit den Farbenmischungen verschiedene Muster auf das Papier.
6. Die Glanzeffekte werden sichtbar, wenn wir das Bild sorgfältig trocknen lassen.

Varianten

- ❖ Benutzen Sie anstelle des Papiers Holz, Muscheln oder Pappe.
- ❖ Verwenden Sie anstelle der Quetschfläschchen einen Spatel, um die Farbmischung aufzutragen.
- ❖ Variieren Sie die Lochgröße in den Quetschfläschchen.

Erklärung

Farbe, Mehl und Salz lösen sich im Wasser auf und man kann aus ihnen einen bunten Teig herstellen. Wenn der Teig trocknet, verdunstet das Wasser. Das Mehl, das Salz und die Farbe werden wieder zu Feststoffen. Salz verhält sich etwas anders als die Farbe und das Mehl: Wenn Salz im Wasser aufgelöst wird, bildet es beim Trocknen Kristalle und wird zu einem Festkörper.

Trinkhalmbilder

Druck

Benötigtes Material

✓ Trinkhalme
✓ verdünnte Temperafarbe
✓ Papier
✓ Keksdose oder Eiswürfelbehälter aus Aluminium

So geht es

1. Während die Kinder das eine Ende des Trinkhalmes mit dem Daumen zuhalten, tauchen sie das andere Ende in die wäßrige Temperafarbe ein.
2. Der Trinkhalm wird über das Blatt gehalten und der Daumen vom Trinkhalmende genommen. Die Farbe wird sich nun über das Papier ergießen.
3. Die Kinder sollen diese beiden Schritte so lange wiederholen, bis ihr Bild vollständig ist.
4. Zum Schluß lassen wir die Zeichnung trocknen.

Varianten

❖ Wir können unsere Bilder noch verschönern, wenn wir die Farben mit Pinseln verstreichen.
❖ Fügen Sie zu der nassen Farbe Glitzerfolie, Borten oder Stoffteilchen hinzu.

Erklärung

Wenn der Trinkhalm in die Farbe getaucht wird, wird durch den Druck auf die Farboberfläche etwas Farbe in den Strohhalm gepreßt. Dadurch, daß wir mit dem Daumen das obere Ende des Trinkhalmes zuhalten, ist der Druck, den die Luft auf die Farbe in dem Trinkhalm ausübt, genauso groß, wie der Druck auf der Farboberfläche. Die Farbe bleibt in dem Halm. Wenn man den Finger vom Trinkhalmende wegnimmt, drücken die Luftmoleküle die Farbe in dem Trinkhalm hinunter, und die Farbe fließt aus dem Trinkhalm.

Luftschlangenringe

ab 6

Benötigtes Material

✓ Plastikdeckel (von einer Kaffeedose oder einem Margarinebecher)
✓ Zeitungsstreifen, Kreppapier, Borten oder Kleidung
✓ Klebeband
✓ ein windiger Tag

So geht es

1. Stechen Sie mit der Scherenspitze in einen Plastikdeckel.
2. Aus dem Deckel wird ein großer Kreis herausgeschnitten. Der Deckelrand wird aufbewahrt, der Kreis weggeworfen.
3. Am Deckelrand befestigen die Kinder Zeitungsstreifen, bunte Borte und Kleidungsstreifen (festbinden oder -kleben).
4. Jetzt können wir den geschmücken Reifen in den Wind halten und beobachten, wie sich die Streifen im Wind bewegen.

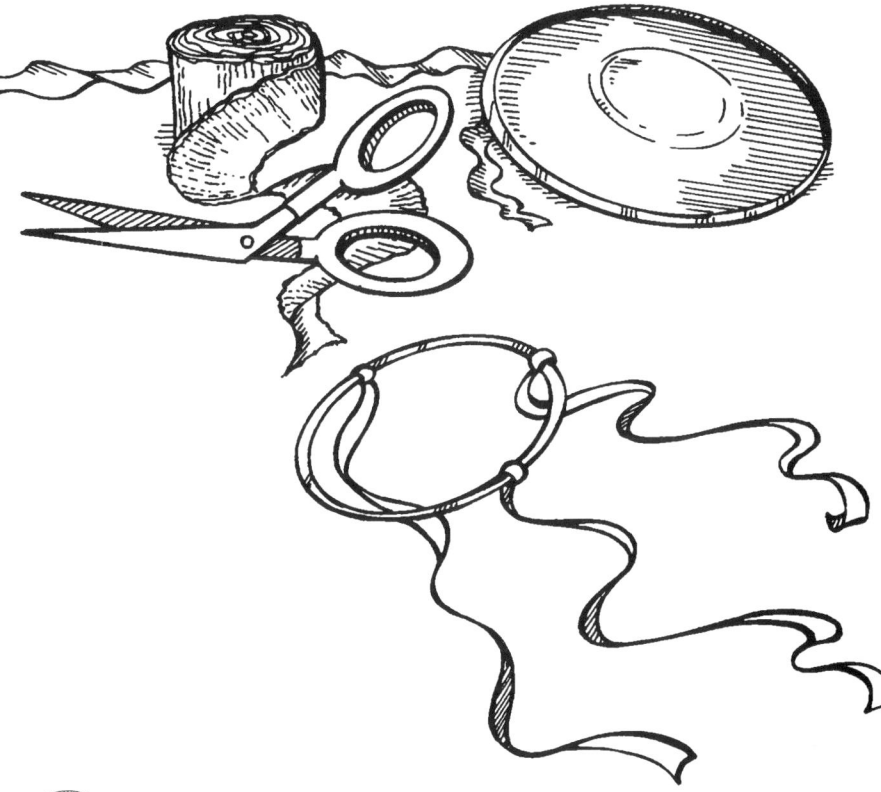

Varianten

❖ Mehrere geschmückte Reifen können zu einer Rassel oder einem Baum zusammengebunden werden.
❖ Um den Wind nicht nur sichtbar, sondern auch hörbar zu machen, können Sie Gegenstände aus Metall an die Bandenden kleben.
❖ Kleben Sie verschiedene Luftschlangenskulpturen in die Mitte eines langen Seils. Wenn die Kinder die Seilenden festhalten, können sie über ein Feld oder eine Spielfläche laufen und abwechselnd die Seiten tauschen, während sie das Seil gestreckt halten.

Erklärung

Leichtgewichtige Materialien wie Zeitungsstreifen oder Borte, können sich leicht im Wind bewegen. Die Windrichtung wird durch die Richtung angegeben, in die die Luftschlangen wehen. Wenn die Luftschlangen nach Süden wehen, bläst der Wind aus dem Norden (das wird Nordwind genannt). Wenn man die Luftschlangen in die Hand nimmt und rennt, kann man selbst Wind machen. Hier bewegt sich nicht der Wind gegen den Läufer, sondern der Läufer gegen den Wind.

Wind

Windfänger

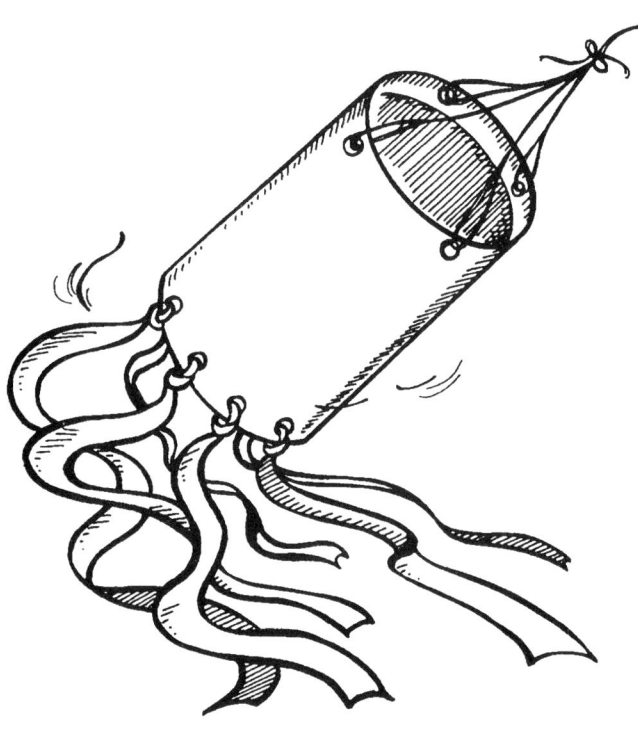

Benötigtes Material

- ✓ zylinderförmige Dose
- ✓ Bastelpapier
- ✓ Klebstoff
- ✓ Kreppapier
- ✓ Schere
- ✓ Locher
- ✓ Buntstifte
- ✓ ein windiger Tag
- ✓ Schnur

So geht es

1. Die Kinder sollen beide Dosenenden abschneiden.
2. Die Dosen werden mit Bastelpapier und Buntstiftmalerei geschmückt.
3. In das untere Ende der Dose werden zahlreiche Löcher gestochen.
4. Das Kreppapier wird in eine Länge von etwa 2,7 m geschnitten.
5. Das Kreppapier wird durch die Löcher geführt und festgebunden.
6. In das obere Ende der Dose werden vier Löcher gestochen.
7. Durch diese Löcher werden vier Schnüre geführt.
8. Jede einzelne Schnur wird an den beiden Enden zusammengebunden. Die vier Schnüre knoten wir zu einer langen Schnur.
9. Jetzt können die Kinder den Windfänger nach draußen hängen und beobachten, wie der Wind daran arbeitet.

Varianten

- ❖ Binden Sie Stoff- oder Plastikstreifen und andere Materialien an die Windfänger.
- ❖ Bauen Sie einen Windfänger aus einer Kartoffelchipsschachtel, Margarinedosen oder anderen, zylinderförmigen Gegenständen.

Erklärung

Richtige Windfänger dienen zur Anzeige der Windrichtung und werden am Flughafen und bei der Seefahrt benutzt. Wind entsteht durch sich bewegende Luftmoleküle. Der Wind ist unsichtbar, man kann ihn fühlen, aber nicht sehen. Ein Windfänger kann über die Windrichtung und die Windstärke Auskunft geben.

Windige Tücher

ab 6

Wind

Benötigtes Material

- ✓ leichte Tücher und dünne Papierblätter
- ✓ Wäscheklammern
- ✓ Wäscheleine oder eine starke Schnur
- ✓ wasserfeste Buntstifte
- ✓ windiger Tag

So geht es

1. Die Kinder malen mit den Stiften verschiedene Muster auf die Tücher und die Papierblätter.
2. Die Wäscheleine wird an Bäumen, Büschen, Bänken und anderen Gegenständen in der Umgebung befestigt.
3. Die Kinder befestigen die Tücher und Papierblätter mit Wäscheklammern so an der Wäscheleine, daß sie im Wind flattern.
4. Wir beobachten, wie die Tücher im Wind flattern, berichten, was wir sehen, und vergessen am Ende nicht aufzuräumen.

Varianten

- ❖ Sie können verschiedene Materialien ausprobieren lassen und beobachten, welche am besten im Wind wehen, z.B. gewachstes Papier, Aluminiumfolie oder Plastiktüten.
- ❖ Die Kinder können gebrauchte Gegenstände als windige „Tücher" benutzen, wie zum Beispiel die Plastikhalterungen von Flaschenverschlüssen, Styroporplatten und Papiertassen.

Erklärung

Obwohl die Luft unsichtbar ist, besteht sie aus winzigen Partikeln, die Moleküle genannt werden. Wind ist die Bezeichnung für Luftmoleküle, die sich bewegen und gegen alles drücken, was in ihrem Weg steht. Die Tücher und Papiere, die an der Wäscheleine hängen, sind dem Wind im Weg und bewegen sich, wenn sie von der Luft angestoßen werden. Ein leichtgewichtiges Material, besonders eines mit einer großen Oberfläche, kann leicht durch den Wind bewegt werden.

ab 7

Wind

Windiges Glockenspiel

Benötigtes Material

✓ verschiedene Gegenstände aus Metall, wie:
  Schraubenmuttern, Dübel, Unterlegscheiben, Schrauben, Nägel, Autoteilchen
  oder Topfdeckel
✓ Schnur
✓ Holzstab oder Zweig
✓ eine Gegend mit einem Baum

So geht es

1. An jedem Ende des Holzstabes wird ein Stück Schnur befestigt. Diese Schnüre sollen dazu verwendet werden, den Stab an einen Baumast zu hängen.
2. Um jeden Metallgegenstand wird eine Schnur gebunden.
3. Die Kinder sollen die Metallgegenstände so an den Stab hängen, daß sie aneinanderschlagen können.
4. Gehen Sie mit den Kindern nach draußen, und binden Sie den Stab mit den Schnüren an einem Ast fest.
5. Wenn der Wind weht, werden die Metallgegenstände aneinanderschlagen und Krach oder Läuten verursachen.

Varianten

❖ Befestigen Sie Pfeifen aus Metall an einem Holzstab oder Zweig. Da die Pfeifen hohl sind, machen sie im Wind ein wundervolles Konzert.
❖ Hängen Sie Muscheln, Treibholz oder andere natürliche Gegenstände an einen größeren Holzstab oder Zweig.

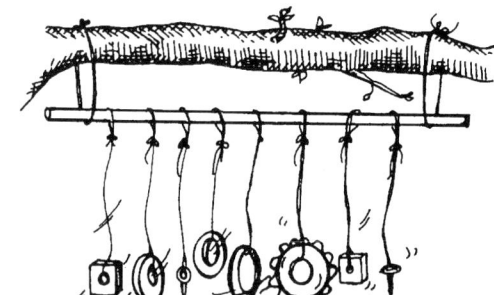

Erklärung

Wind ist die Bezeichnung für sich bewegende Luftmoleküle, die gegen die Gegenstände, die vom Stock herunterhängen, drücken und sie zum schwingen und aneinanderschlagen bringen. Die Schwerkraft ist dafür verantwortlich, daß die Gegenstände an der Schnur des Stabes herunterhängen. Der Wind schiebt die Gegenstände in eine bestimmte Richtung, die Schwerkraft zieht sie wieder nach unten. Deswegen geraten die Gegenstände ins Schwingen, und machen Geräusche, wenn sie aneinanderprallen.

Kapitel 2
Licht und
Lichteffekte

Drehende Muster

Benötigtes Material

✓ Pappteller
✓ ein Bleistift oder eine Schere, um damit ein Loch in den Teller zu stechen
✓ Stifte oder Buntstifte
✓ ein alter Plattenspieler

So geht es

1. Lassen Sie die Kinder ein beliebiges Muster auf den Teller malen, oder eines der Muster, die auf dieser Seite abgebildet sind.
2. Bohren Sie mit einem Bleistift oder einer Schere in den Mittelpunkt des Tellers ein Loch.
3. Den Pappteller auf den Plattenteller legen und anschalten. (Den Plattenarm und die Nadel nicht benutzen.)
4. Die Kinder können nun beobachten, wie sich die Muster verändern, wenn sich der Teller dreht.

Varianten

❖ Sie können noch mehr Muster herstellen: ganz einfache oder sehr komplizierte.
❖ Sie können z.B. einen Winkelmesser, einen Kompaß oder ein Lineal benutzen, um Muster zu entwerfen.
❖ Wenn wir einen weißen Pappteller auf den Plattenteller legen, können wir ihn bemalen, während er sich dreht.

Erklärung

Wenn sich die Muster oder Formen auf dem Pappteller drehen, entstehen im Gehirn - durch die Trägheit der Augen - neue Formen und Muster.

Versteckte Farben

Benötigtes Material

✓ Buntstifte/Crayons
✓ Papier
✓ Schuhkarton
✓ Schere

So geht es

1. Lassen Sie die Kinder mit der Schere ein Loch in den Schuhkarton schneiden, das so groß ist, daß ein Kind seine Hand hindurchstecken kann.
2. Auf den Boden des Schuhkartons wird ein Blatt Papier gelegt.
3. Wir bemalen das Papier in dem Karton, ohne auf die Zeichnung zu schauen.
4. Jetzt nehmen wir das Papier aus dem Karton und betrachten unsere Zeichnung.

Varianten

❖ Die Kinder können, ohne zu schauen, Wörter, Namen oder Botschaften in den Karton schreiben.
❖ Ein Kind legt einen Gegenstand in den Karton. Ein anderes Kind soll den Gegenstand allein durch Abtasten erraten.

Erklärung

Die Koordination von Hand und Auge wird durch das Gehirn gelenkt. Sehende Menschen sind auf ihr Blickfeld angewiesen, um die Bewegung ihrer Hände zu steuern. Wenn man nichts sehen kann, ist es schwierig, die Hände das tun zu lassen, was sie sollen, aber es macht Spaß, es zu versuchen.

Geheimbilder

Optik

Benötigtes Material

✓ Zitronensaft
✓ Tasse
✓ Pinsel
✓ weißes, festes Schreibpapier
✓ Bügeleisen
✓ Zeitungen

◆ die Hilfe eines Erwachsenen

So geht es

1. Füllen Sie den Saft einer ausgedrückten Zitrone in eine Tasse.
2. Die Kinder tauchen einen Pinsel in den Zitronensaft und malen ein Bild auf das Schreibpapier.
3. Das Bild sorgfältig trocknen lassen.
4. Legen Sie das Bild zwischen das Zeitungspapier und bügeln Sie es so lange, bis ein braunes Muster erscheint.

Varianten

❖ Lassen Sie Geheimbilder für Freunde oder Familienmitglieder malen. Diese können das Bild dann bügeln und sich überraschen lassen.
❖ Die Kinder können die Geheimbilder benutzen, um darauf Botschaften zu schreiben oder Hinweise für einen verborgenen Schatz zu geben.

Erklärung

Wird ein Bild mit Zitronensaft gemalt, wird dieser beim Trocknen unsichtbar. Wenn die Zitronensaftzeichnungen durch Bügeln erhitzt werden, verbrennt der natürliche Zucker des Saftes und wird zu braunem Kohlenstoff. Das unsichtbare Bild wird wieder sichtbar.

Licht und Lichteffekte

Malerisches Lernen

Gestreckte Bilder

Benötigtes Material

✓ Bild aus einer Zeitschrift
✓ Schere
✓ Klebstoff
✓ Papier

So geht es

1. Schneiden Sie ein Bild aus einer Zeitschrift in vier Streifen.
2. Die Streifen werden auf ein Blatt Papier gelegt. Lassen Sie etwas Platz zwischen den einzelnen Streifen.
3. Die Streifen kleben wir auf dem Papier fest. Die Kinder sollen beobachten, wie sich das Bild in die Breite gestreckt hat und welchen visuellen Eindruck sie bei der Betrachtung des Bildes haben.

Varianten

❖ Die Kinder können auch ein Bild in mehr als vier Streifen schneiden.
❖ Sie können ein Bild in wellenförmige oder zackige Streifen schneiden.
❖ Sie können anstelle des Zeitschriftenbildes ein handgemaltes Bild verwenden.
❖ Benutzen Sie buntes Papier anstelle des Zeitungspapieres, und schneiden Sie eine Form aus dem Papier. Diese wird „gestreckt", indem wir sie in Streifen oder Stücke schneiden. Diese Papierstreifen werden dann auf ein andersfarbiges Papier geklebt.

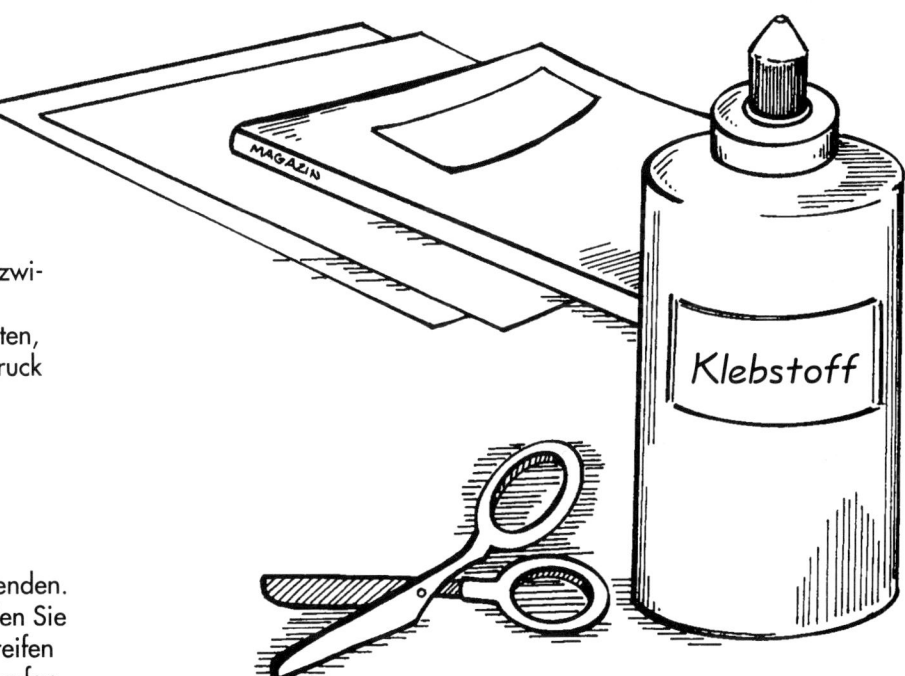

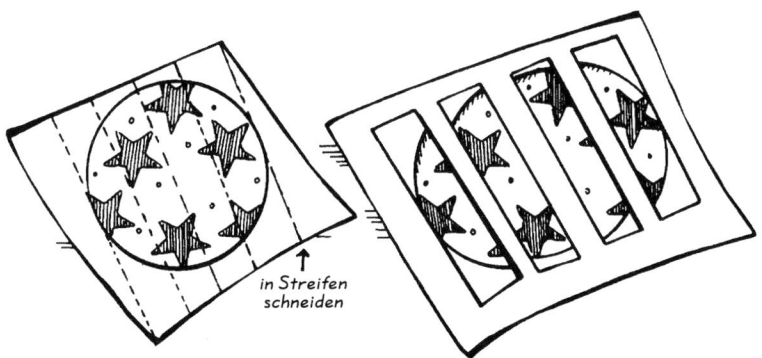

in Streifen schneiden

Erklärung

Ein auseinandergezogenes Bild ist eine optische Täuschung oder ein Streich, den die Augen dem Gehirn spielen. Die Augen sind nicht daran gewöhnt, ein Bild zu sehen, das in Wellen oder Streifen geschnitten ist, die einen Zwischenraum haben. Das Gehirn empfängt dieses ungewöhnliche Bild und versucht, daraus etwas vernünftiges zu machen, indem es die Zwischenräume im Bild füllt. Es versucht, das Bild wie ein normales Bild erscheinen zu lassen. Das Gehirn könnte sogar fälschlicherweise annehmen, daß sich das langgezogene Bild bewegt oder wackelt.

Farbrasterbilder

Pointillismus/Optik

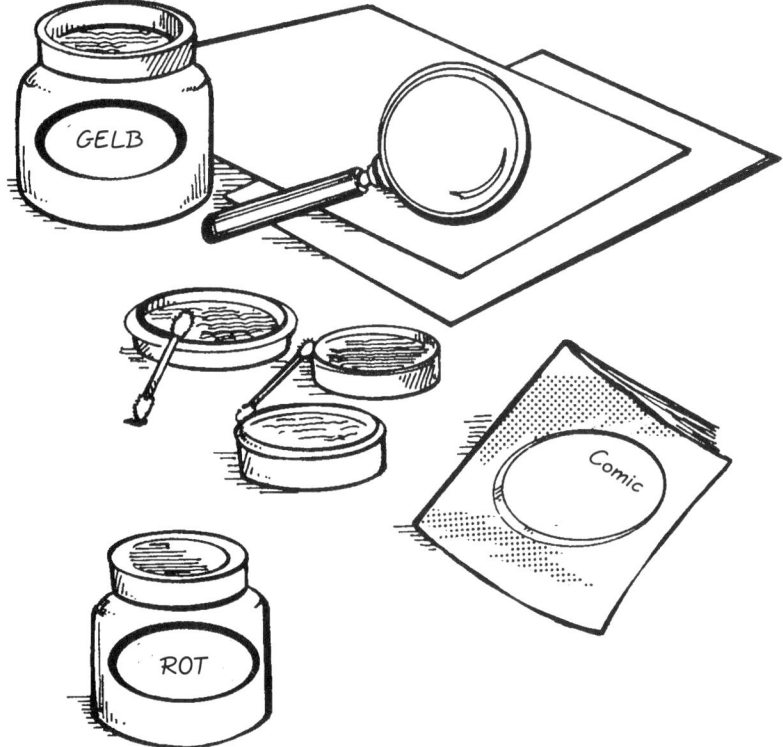

Benötigtes Material

✓ ein starkes Vergrößerungsglas
✓ Wattestäbchen
✓ Deckel mit verschiedenen Temperafarben
✓ weißes Zeichenpapier
✓ Farbrasterbilder aus einer Zeitschrift oder einem Comic-Heft

So geht es

1. Die Kinder betrachten durch ein Vergrößerungsglas die dünnen und feinen Punkte eines Farbrasterbildes.
2. Lassen Sie die Kinder die Wattestäbchen in die mit Temperafarbe gefüllten Deckel tauchen, um ein Farbrasterbild herzustellen.
3. Mit den Ohrenstäbchen tupfen wir auf das Papier und machen dabei viele kleine, dünne Punkte. Um das Bild bunter zu machen, können Sie verschiedene Farben benutzen. Aus den Punkten wird sich, wenn das Bild fertig ist, ein Muster oder ein Bild ergeben.

Varianten

❖ Die Kinder können versuchen, den berühmten Impressionisten und Pointillisten Georges Seurat zu imitieren, indem sie ganze Schauplätze aus Punkten und Flecken malen.

Erklärung

Comics, Zeitungsfotos oder Witzblätter sind gute Beispiele für Punktrasterbilder. Die Punkte sind so klein, daß man sie nicht leicht erkennen kann. Beim Sehen verfließen die Punkte, neue Farben entstehen durch das Ineinanderfließen farbiger Rasterpunkte. Ein Punktrasterbild ist vergleichbar mit der Maltechnik, die Pointillismus genannt wird. Dabei wird Farbe in kleinen Punkten auf das Papier gegeben, Striche werden nicht benutzt.

Täuschende Bilder

Benötigtes Material

✓ Papier
✓ Buntstifte

So geht es

1. In die Mitte eines Blattes wird ein Punkt gemalt. Hierdurch teilt sich das Blatt optisch in zwei Hälften.
2. Auf die eine Seite des Punktes malen die Kinder ein Gesicht (Augen, Nase, Mund).
3. Auf die andere Seite des Punktes malen sie die Umrisse eines Kopfes.
4. Die Kinder halten mit einer Entfernung von einer Armlänge das Bild vor sich und schauen auf den Punkt.
5. Dann führen sie das Bild immer näher an die Augen und schauen dabei auf den Punkt. Die beiden Zeichnungen sollten zu einer Zeichnung verschmelzen.

Varianten

❖ Die Kinder können andere Bilder in zwei Hälften aufteilen und auf jede Seite des Punktes zwei Bildhälften malen, wie zum Beispiel:
  - eine Mondlandschaft mit Kratern, Schatten und Felsen,
  - Blumen aus bunten, tropischen Farben,
  - eine Karte mit Flüssen, Straßen und anderen Besonderheiten,
  - beliebige Formen mit farbigen Mustern.

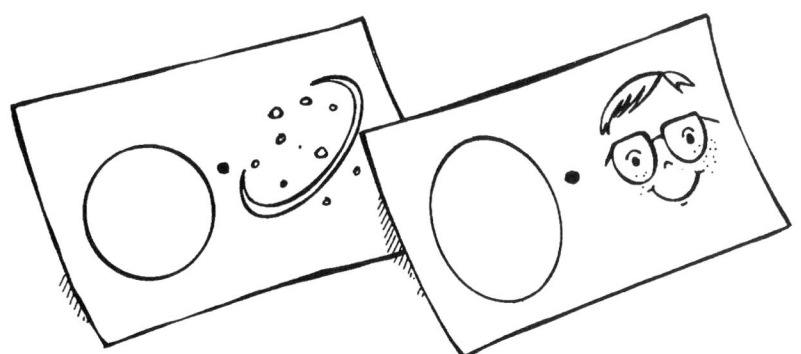

Erklärung

Das menschliche Sehvermögen ist binokular, was bedeutet, daß das Licht in beide Augen fällt. Wenn zwei Bilder wie ein Kopfumriß und ein Gesichtsumriß beide Augen treffen, wird nur ein Bild gesehen. Wenn das Bild zu nah an den Augen ist, wird aus den zwei Bildern ein unscharfes Bild, ein Bild wird auf das andere gelegt. Die optische Täuschung ist wie ein Streich, der den Augen und dem Gehirn gespielt wird.

Bunte Papiermischung

Benötigtes Material

- ✓ farbiges Transparentpapier (gelb, tiefrot und hellblau)
- ✓ Schere
- ✓ flüssige Stärke
- ✓ Pinsel
- ✓ weißes Papier
- ✓ Wasser zum abspülen

So geht es

1. Das Transparentpapier wird in verschiedene Formen geschnitten.
2. Die Kinder tauchen einen Pinsel in die Speisestärke, die sie wie Klebstoff benutzen: Mit der Stärke wird das Transparentpapier bemalt und haftet dann auf dem Papier.
3. Durch das Überlappen der verschiedenen Farben des Transparentpapiers entstehen neue Farben. Die Kinder sollten während des Malens den Pinsel mit Wasser abspülen. So bleiben die Farben klar.

Varianten

- ❖ Um neue Farben zu entwickeln, können wir die folgende Farben übereinanderschichten:
  - tiefrot über gelb wird zu rot,
  - hellblau über gelb wird zu grün,
  - tiefrot über hellblau wird zu lila,
  - alle drei Farben kombiniert ergibt die Farbe Schwarz.
- ❖ Sie können das Transparentpapier mit Stärke auf eine durchsichtige Plastikscheibe kleben lassen. Wenn das Bild getrocknet ist, können wir es vor ein sonnenbeschienenes Fenster stellen.
- ❖ Transparentpapier kann mit Speisestärke auch auf gewachstem Papier festkleben.

Erklärung

Die Farbe im Transparentpapier wird aus Farbstoffen gemacht, die Pigmente genannt werden. Jedes Pigment nimmt eine bestimmte Art Licht auf und gibt eine andere Art Licht ab. Aus diesem Grund werden Dinge farbig gesehen. Wenn verschiedenfarbiges Tansparentpapier übereinandergeschichtet wird, bilden sich neue Farbtöne.

Farbräder

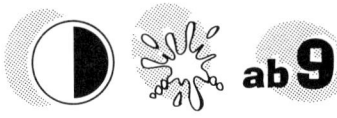
Benötigtes Material

✓ weiße Pappe oder Pappteller
✓ runde Schale oder Deckel einer Kaffeedose
✓ Schere
✓ Temperafarben (rot, orange, gelb, grün, kobaltblau, indigoblau, violett)
✓ Pinsel
✓ Bleistift
✓ Winkelmesser oder Lineal

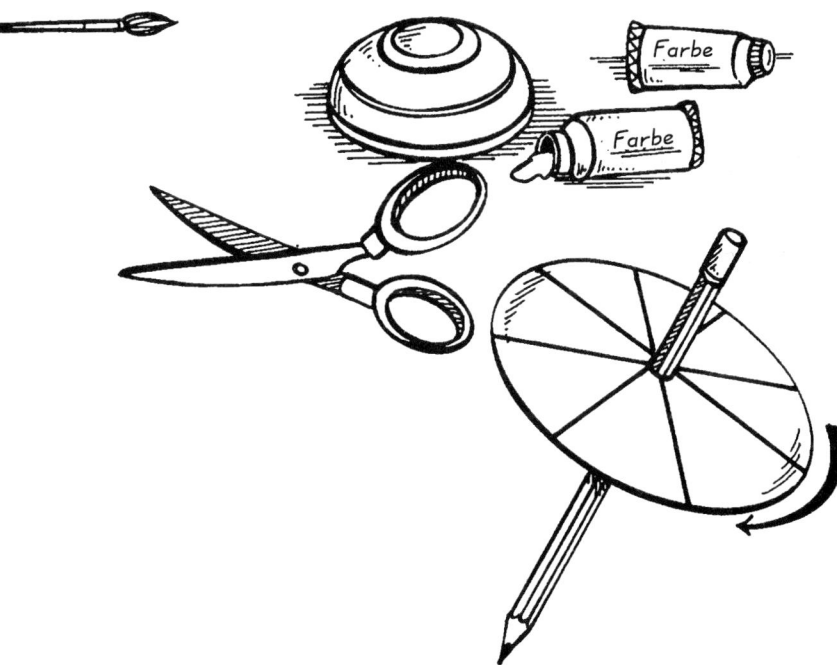

So geht es

1. Lassen Sie die Kinder mit dem Deckel oder der Schale einen Kreis auf die weiße Pappe malen.
2. Den Kreis ausschneiden.
3. Die Kinder teilen nun mit dem Winkelmesser oder dem Lineal den Kreis in sieben Felder. Die Teile sollten etwa gleich groß sein.
4. Jedes Feld wird mit einer anderen Farbe bemalt: Die Farben rot, grün, gelb, orange, kobaltblau, indigoblau und violett sollen benutzt werden.
5. Damit man den Kreis auf einen Bleistift stecken kann, wird in die Mitte des Kreises ein Loch gestochen.
6. Die Kinder können jetzt den Kreis auf den Bleistift stecken und drehen.
7. Der Kreis soll so schnell gedreht werden, daß die Farben verschwinden und sie nur noch weiß sehen.

Varianten

❖ Wir können einen Kreis aus nur drei Farben machen, oder aus allen Farben unserer Wahl, und betrachten, welche neue Farbe sich ergibt, wenn sich der Kreis dreht.

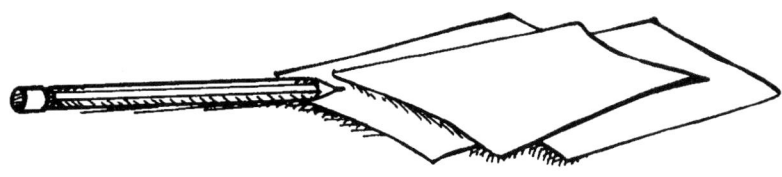

Erklärung

Aus dem Licht der Regenbogenfarben (rot, orange, gelb, grün, blau, indigoblau und violett) entsteht weißes Licht, genau wie das Licht der Sonne, wenn wir es mischen. Die Augen können die einzelnen Farbfelder nicht mehr verfolgen, wenn wir das Rad drehen, und die Farbfelder scheinen sich zu vermischen. Die Scheibe dreht sich und wird solange blaß-grau aussehen, bis ganz reine Farben in genau gleichen Anteilen benutzt werden. Es ist fast unmöglich, reine weiße Farbe herzustellen, doch das weiße Farbrad kommt dem reinen Weiß sehr nahe.

Spiegelkarten

Benötigtes Material

✓ Aluminiumfolie
✓ Karte aus dunkelfarbiger Pappe (15 cm x 15 cm)
✓ Klebstoff
✓ Schere
✓ ein sonniges Plätzchen oder helles Licht

So geht es

1. Die Aluminiumfolie wird in verschiedene Formen und Muster geschnitten. Achten Sie darauf, daß die Folie glatt bleibt.
2. Die einzelnen Muster werden eng aneinander auf die dunkle Karte geklebt. Die glänzende Seite der Aluminiumfolie soll oben liegen.
3. Sie können entweder mit den Kindern nach draußen gehen oder die Karten unter helles Licht halten. So können die Kinder beobachten, wie die Folie das Licht und andere Gegenstände reflektiert.

Varianten

❖ Die Kinder können bei Nacht nach draußen gehen und die Karte mit einer Taschenlampe bestrahlen. Die Muster können von einer Tür oder Wand reflektiert werden.
❖ Die Kinder können die Kartenmuster von einem Spiegel reflektieren lassen.

Erklärung

Muster aus Aluminiumfolie sind ausgezeichnete Reflektoren, da die Folie glatt und glänzend ist, fast wie ein Spiegel. Licht, das auf die Folie trifft, wird zurückgeworfen oder reflektiert. Wenn es auf eine andere Oberfläche, z.B. eine Wand, zurückgeworfen wird, können wir die Folienreflexion sehen.

Schattenzeit

Benötigtes Material

✓ wasserfeste Filzstifte oder Buntstifte
✓ Blumentopf
✓ Stiel oder Stock (zweimal so lang wie der Blumentopf)
✓ ein sonniger Tag

So geht es

1. Mit den Filz- oder Buntstiften wird ein Muster auf den Blumentopf gemalt.
2. Stellen Sie den Topf umgedreht, mit dem Boden nach oben, auf eine Fläche. Stecken Sie den Stab durch das Loch in dem Topfboden.
3. Geben Sie den Kindern den Auftrag, zu jeder vollen Stunde den Schatten zu betrachten, der von dem Stock geworfen wird. Mit einem Filz- oder Buntstift sollen sie den Schatten an der Unterseite des Blumentopfes markieren.
4. Wenn den ganzen Tag die Sonne scheint, müßten sich zwölf Schattenmarkierungen an der Unterseite des Blumentopfes befinden, jeweils eine Markierung für jede Stunde.

Varianten

❖ Binden Sie eine Schnur (etwa 1 m) an das untere Ende von einem langen Stock oder Stab. Stecken Sie ihn in die Mitte eines Platzes (z.B. auf den Schulhof). Stündlich wird die Schnur genau auf den Schatten des Stabes gelegt. Markieren Sie am Ende des Seiles den Schatten durch einen kleineren Stock. Nach zwölf Stunden haben Sie einen Halbkreis aus kleinen Stöckchen gebildet, rund um den langen Stab in der Mitte. An dem nächsten sonnigen Tag, können die Kinder beobachten, wohin die Schatten fallen und hierdurch die Uhrzeit ablesen.

Erklärung

Die Erde dreht sich oder rotiert jeden Tag einmal um sich selbst, was Tag und Nacht verursacht. Früher benutzten die Menschen eine Sonnenuhr, um das Drehen oder die Rotation der Erde zu messen und die Zeit festzustellen. Durch das Verfolgen der Schatten, die die Sonne und der Stab am Tage bilden, und durch die stündliche Markierung dieser Bewegung, kann das Drehen der Erde gemessen werden.

Unendliche Reflexionen

Benötigtes Material

✓ 2 Spiegel
✓ eine Person, die in den Spiegel schaut
✓ Pappkarten mit bunten Mustern

◆ die Hilfe eines Erwachsenen

So geht es

1. Stellen Sie zwei Spiegel so auf, daß sie fast parallel zueinander stehen (siehe Zeichnung).
2. Die Kinder stellen sich zwischen die beiden Spiegel und betrachten die unendlichen Bilder, die sie im Spiegel von sich sehen können.
3. Lassen Sie die Kinder danach eine der bunten Karten vor die Spiegel halten.
4. Die Kinder können die Karten ordnen und mit den Mustern experimentieren, um verschiedene unendliche Muster zu erhalten.

Varianten

❖ Halten Sie andere Gegenstände, Bilder und Muster vor die Spiegel. Experimentieren Sie mit den unendlichen Mustern, die sich ergeben.
❖ Die Kinder können die Anzahl der unendlichen Muster zählen, die sie gesehen haben.

Erklärung

Ein Spiegel hat eine glatte, glänzende Oberfläche, die Reflektor genannt wird. Dies bedeutet, daß das Licht, das den Spiegel trifft, zurückgeworfen wird. Wenn sich zwei Spiegel gegenüberstehen, wird das Licht einer Person von dem einen Spiegel in den anderen Spiegel zurückgeworfen. Das Licht wird immer wieder - von Spiegel zu Spiegel - reflektiert, und es entstehen sehr viele Bilder. Wenn wir bunte Karten zwischen die Spiegel halten, werden durch unendliche Reflexionen neue Muster geschaffen.

Spiegelbilder

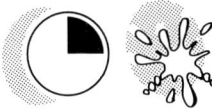

Benötigtes Material

✓ Handspiegel
✓ Temperafarben
✓ Pinsel
✓ Tisch
✓ Zeitungen

So geht es

1. Der Tisch wird mit Zeitungspapier abgedeckt.
2. Den Handspiegel legen wir auf das Zeitungspapier.
3. Die Kinder schauen in den Spiegel, und sie malen mit Temperafarbe und Pinsel ein Gesicht und einen Kopfumriß auf den Spiegel.

   Anmerkung: Der Spiegel kann mit warmer Seifenlauge abgewaschen und dann wieder benutzt werden.

Varianten

❖ Die Kinder können die Person im Spiegel mit einem Hut, einem Bart oder Schmuck verzieren.
❖ Sie können einen sehr langen Spiegel benutzen, um den ganzen Körper zu malen.
❖ Malen Sie beliebige Muster auf den Spiegel, um die glatte Spiegeloberfläche zu genießen.
❖ Sie können den Spiegel auch mit wasserlöslichen Filzstiften bemalen.

Erklärung

Wenn man in einen Spiegel schaut, wird das Licht des Gesichtes zu den Augen zurückgeworfen. Wir sehen eine Reflexion. Ein Spiegel ist ein perfekter Reflektor, denn das gesamte Licht, das den Spiegel trifft, wird zurückgeworfen. Ein guter Reflektor muß aus glattem und glänzendem Material sein.

Schattenspiele

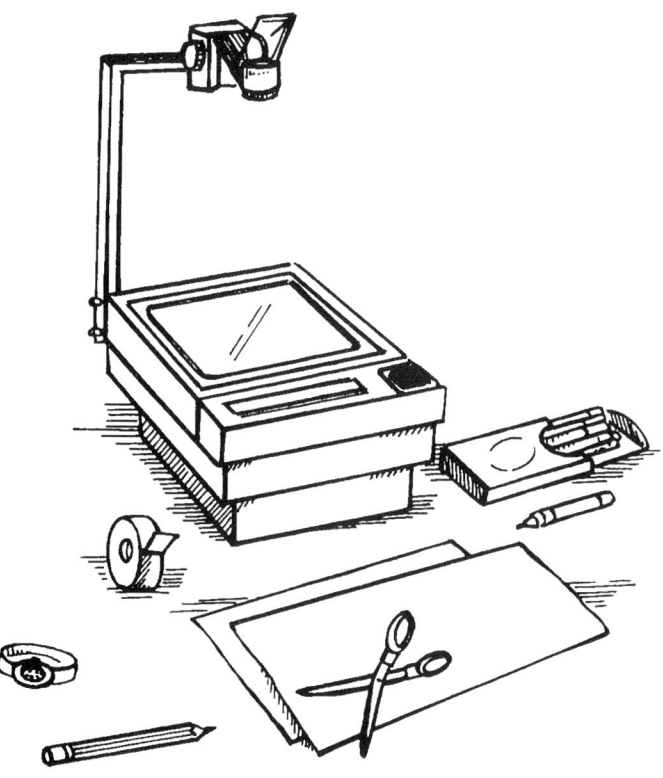

Benötigtes Material

✓ Tageslichtprojektor
✓ Gegenstände wie Scheren, Füller, Armbanduhr
✓ großes Papier
✓ Wand
✓ bunte Stifte
✓ Klebestreifen

So geht es

1. Stellen Sie den Projektor auf und achten Sie darauf, daß er ein Stück von der Wand entfernt steht.
2. Verschiedene Gegenstände werden auf den Projektor gelegt.
3. Schalten Sie den Projektor ein und lassen Sie sein Licht auf die Wand fallen. Bewegen Sie die Schärfeneinstellung so, daß sich die Umrisse der Gegenstände klar abzeichnen.
4. Befestigen Sie das Papier an der Wand, so daß der Schatten der Gegenstände darauffallen kann.
5. Die Kinder zeichnen mit einem Stift die Umrisse auf dem Papier nach.
6. Schalten Sie den Projektor ab, nehmen Sie das Papier von der Wand und legen Sie es auf den Boden. Die Kinder können die Umrisse der Gegenstände be- oder ausmalen, dekorieren und ausschmücken, so daß sie naturgetreu oder wie Phantasiegegenstände aussehen.

Varianten

❖ Die Kinder können mit Plastikbuchstaben oder ausgeschnittenen Buchstaben Wörter schreiben.
❖ Wenn Sie geometrische Formen benutzen, können Sie daraus Formen und Muster bilden.
❖ Lassen Sie die Kinder mit durchsichtigen Gegenständen experimentieren, wie zum Beispiel Formen, die aus klaren oder fast klaren Plastikflaschen herausgeschnitten wurden.

Erklärung

Ein fester Gegenstand, der alles Licht abhält, wird lichtundurchlässig genannt, denn das Licht kann den Gegenstand nicht durchdringen. Das Licht des Tageslichtprojektors scheint nach oben, trifft auf einen Spiegel und wird auf der Wand reflektiert. Wenn ein lichtundurchlässiger Gegenstand wie z.B. eine Schere, auf die Glasoberfläche des Projektors gelegt wird, wird Licht zurückgehalten und ein entsprechender Schatten auf die Wand geworfen. Der Schatten hat den genauen Umriß der Schere, er wird aber etwas größer sein, weil sich das Lichtstrahlenbündel, das vom Projektor ausgestrahlt wird, auf seinem Weg zur Wand verstreut.

Leuchtende Bilder

   **ab 6**

Benötigtes Material

- ✓ durchsichtige Filmfolie
- ✓ Tageslichtprojektor
- ✓ wasserlösliche Stifte
- ✓ abgedunkelter Raum

So geht es

1. Die Kinder bemalen mit den Stiften die Folie.
2. Die Folie wird auf den Projektor gelegt, der Projektor wird eingeschaltet und die Kinder betrachten ihre Gemälde.

Varianten

- ❖ Benutzen Sie verschiedene Farben und andere Stifte, um herauszufinden, welche von ihnen lichtdurchlässig sind.
- ❖ Lassen Sie die Kinder Muster aus buntem Transparentpapier und Zelluphanfolie schneiden und auf den Tageslichtprojektor legen.

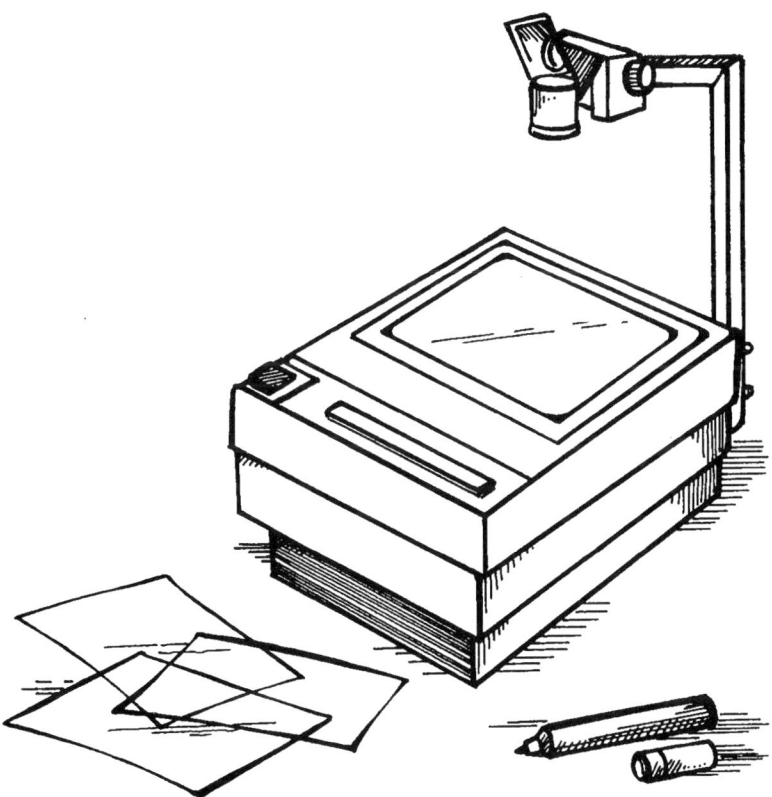

Erklärung

Der Tageslichtprojektor benutzt starkes Licht und Spiegel, um die Zeichnungen, die mit den bunten Folienstiften gemalt wurden, auf die Wand zu reflektieren. Die bunten Zeichnungen sind lichtdurchlässig, was bedeutet, daß das Licht des Projektors durch die Zeichnungen hindurchscheinen kann. Das Lichtstrahlenbündel zerstreut sich auf seinem Weg von dem Projektor zur Wand. Deshalb sind die Zeichnungen auf der Wand größer als die Ursprungszeichnungen auf der durchsichtigen Folie.

Dia-Betrachtung

Benötigtes Material

✓ eine kleine Schachtel (ca. 10 cm x 4 cm) mit Deckel
✓ schwarze Farbe und Pinsel
✓ Klebeband
✓ Schere
✓ durchsichtige Plastikfolie
✓ dünne Folienstifte

So geht es

1. Eine der beiden kurzen Seiten der Schachtel wird entfernt.
2. Die Innenseiten der Schachtel malen wir schwarz aus und lassen sie trocknen.
3. Die Kinder stechen in die andere, kurze Seite der Schachtel ein Loch mit einem Durchmesser von etwa 3 cm.
4. Malen Sie ein Quadrat (4 cm) auf die Plastikfolie.
5. Lassen Sie die Kinder mit den Folienstiften ein Muster in das Quadrat malen.
6. Das bemalte Quadrat wird ausgeschnitten und am Ende der offenen Schachtelbox festgeklebt.
7. Wenn die Kinder die Schachtel ins Licht halten und durch das Loch schauen, können sie das "Diapositiv" betrachten.

Varianten

❖ Benutzen Sie echte Diapositive.
❖ Verwenden Sie Positive, auf denen Kinder abgebildet sind, die das gleiche Experiment machen, oder Positive, die sich mit einem bestimmten Thema oder Arbeitsgebiet befassen.
❖ Führen Sie das Experiment mit einer größeren Schachtel und größeren, bemalten Folienquadraten durch.

Erklärung

Wenn Licht auf die lichtdurchlässigen Farben des Dias scheint, ist die Zeichnung auf dem Dia klarer und leichter zu erkennen. Da durch das kleine Loch und die schwarzen Kartoninnenseiten geguckt wird, werden störende Lichteinwirkungen von der Seite und zu grelles Umgebungslicht ferngehalten.

Diashow

   ab **7**

Benötigtes Material

- ✓ alte Dias
- ✓ Dia-Projektor
- ✓ Bleichmittel
- ✓ wasserfeste Stifte
- ✓ Wattestäbchen

◆ die Hilfe eines Erwachsenen

So geht es

1. Ein Erwachsener sollte die Dias vorbereiten: Tauchen Sie ein Wattestäbchen in das Bleichmittel und wischen Sie die Farben und Bilder vom Dia ab, so daß es ganz durchsichtig ist. Dann trocknen lassen.
2. Die Kinder können mit den Stiften jedes Dia bemalen. Sie können entweder bunte Muster oder realistische Zeichnungen malen.
3. Legen Sie die bemalten Dias in einen Dia-Projektor. Werfen Sie sie auf eine weiße Wand oder auf eine Leinwand.

Varianten

- ❖ Die Dia-Show wird mit Musik unterlegt.
- ❖ Die Kinder können Dias malen, die eine Geschichte erzählen, ein Gedicht oder ein Lied illustrieren. Während die Dias gezeigt werden, werden die Geschichten erzählt, die Gedichte oder die Lieder vorgetragen.

Erklärung

Die Farben, die mit Folienstiften auf das Dia gemalt wurden, sind licht-durchlässig, was bedeutet, daß zwar einiges, aber nicht alles Licht durch die Zeichnung hindurchkommt. Das Strahlenbündel, das durch das Dia scheint, verstreut sich auf seinem Weg zur Wand. Wenn das Licht auf die Wand trifft, wird es reflektiert und fällt in die Augen zurück. Das Bild, das wir an der Wand sehen ist vergrößert, ansonsten entspricht es aber dem Ursprungsbild.

Silhouetten

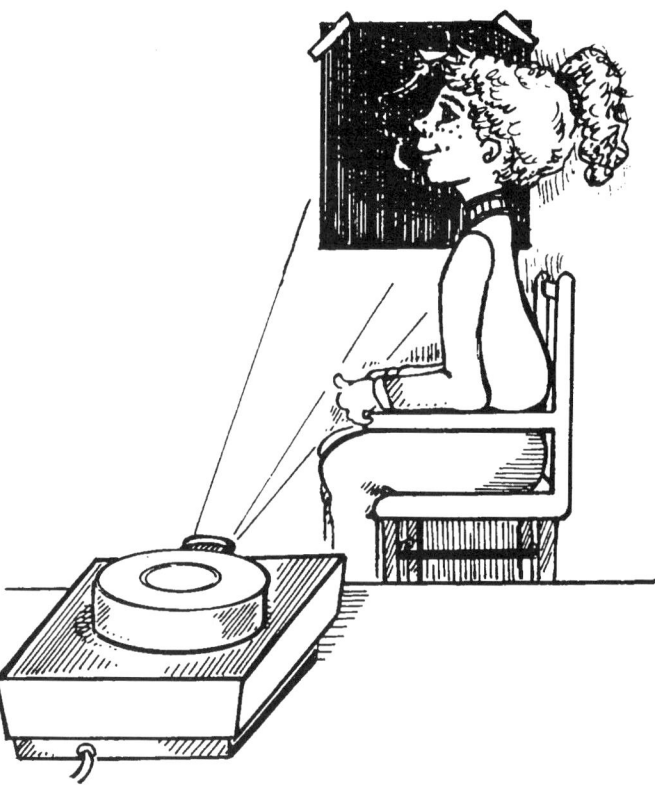

Benötigtes Material

- ✓ Dia-Projektor
- ✓ weiße Wand
- ✓ Klebeband
- ✓ weißer Buntstift
- ✓ ein Mensch
- ✓ Stuhl
- ✓ Schere
- ✓ schwarzes Papier
- ✓ weißes Papier

◆ die Hilfe eines Erwachsenen

So geht es

1. Der Dia-Projektor wird auf einem Tisch, mehrere Meter von der weißen Wand entfernt, aufgestellt.
2. Schalten Sie den Projektor an, und stellen Sie einen Stuhl vor die Wand.
4. Ein Kind setzt sich so auf den Stuhl zwischen Diaprojektor und Wand, daß wir sein Profil sehen können.
5. Kleben Sie schwarzes Papier an die Wand, so daß das Profil darauf sichtbar wird.
6. Die Kinder zeichnen das Profil mit einem weißen Buntstift nach.
7. Die Fläche um die weiße Linie, die die Silhouette bildet, wird ausgeschnitten.
8. Die Seite mit der weißen Linie bestreichen wir mit Klebstoff und kleben sie auf weißes Papier.

Varianten

❖ Die Kinder können andere Gegenstände auf dem Stuhl plazieren: ein Stofftier, eine Statue, eine Vase mit Blumen u.v.m. Die Silhouette wird dann umrandet, ausgeschnitten und auf weißes Papier geklebt.
❖ Malen Sie die Silhouetten auf verschiedenfarbiges Papier.

Erklärung

Licht bewegt sich in geraden Bahnen. Das Licht des Diaprojektors kann sich nicht um die Person auf dem Stuhl herumbiegen oder die Person durchdringen. Die Person ist lichtundurchlässig und hemmt das Licht, was einen Schatten auf der Wand verursacht. Der Schatten hat im allgemeinen die gleiche Form wie die Person, könnte aber größer oder kleiner sein. Das hängt von dem Lichtwinkel des Projektors und der Entfernung der Person von der Wand ab. Der Schatten, der an die Wand fällt, wird Silhouette genannt.

Silhouettenshow

   ab **8**

Benötigtes Material

✓ Dia-Projektor (oder eine Lampe ohne Schirm)
✓ Tisch
✓ weiße Wand
✓ Stuhl oder Stühle
✓ Trinkhalme oder Eisstiele
✓ Papier
✓ Klebestreifen
✓ Schere

So geht es

1. Lassen Sie die Kinder die wesentlichen Umrisse von Menschen, Tieren, von Häusern, Bäumen u.a. auf ein Blatt Papier malen. Die Umrisse werden mit der Schere ausgeschnitten.
2. Die ausgeschnittenen Silhouetten kleben wir an einem Trink- oder Strohhalm fest.
3. Stellen Sie den Dia-Projektor oder die Lampe in der Nähe einer Wand auf. Schalten Sie den Projektor / die Lampe ein, und lassen Sie das Licht auf die weiße Wand fallen.
4. Stellen Sie einige Stühle so auf, daß sie in der Nähe der erleuchteten Wand stehen (achten Sie hierbei auf das Kabel des Projektors oder der Lampe).
5. Die Kinder halten - mit dem Rücken zur Wand - verschiedene Silhouetten hoch, so daß sie einen Schatten auf die Wand werfen.
6. Die Kinder können an der Wand eine Silhouetten-Show aufführen. (Mehrere Kinder könnten zum Halten der Silhouetten benötigt werden.)

Varianten

❖ Die Kinder können ihre Lieblingsgeschichte, ein Kinderlied oder ein Märchen mit Hilfe der Silhouetten vortragen.
❖ Sie können sich eigene Geschichten ausdenken und vortragen.
❖ Benutzen Sie richtige Gegenstände anstelle der ausgeschnittenen Silhouetten.

Erklärung

Das Licht des Diaprojektors bewegt sich in einer geraden Linie. Wenn es auf die ausgeschnittene Papiergestalt trifft, kann es sich nicht um sie herumbiegen oder sie durchdringen, denn Papier ist lichtundurchlässig. Auf der Wand wird ein Schatten erzeugt, der die gleiche Form hat wie das lichtundurchlässige Papierstück. Der Schatten an der Wand wird Silhouette genannt.

Taschenlampenmuster

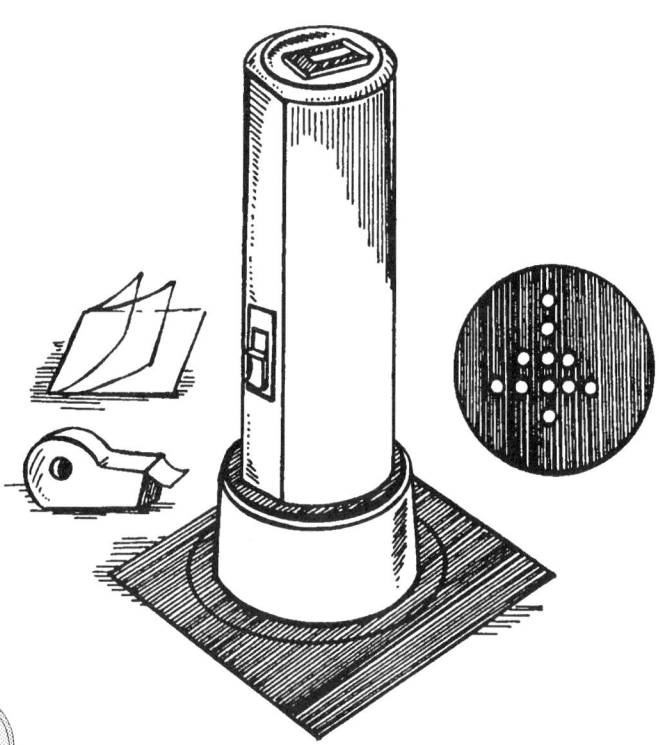

Benötigtes Material

- ✓ Taschenlampe
- ✓ schwarzes Papier
- ✓ buntes Zellophanpapier
- ✓ Schere
- ✓ Bleistifte
- ✓ Klebestreifen
- ✓ Locher

So geht es

1. Die Taschenlampe wird - mit dem Glas nach unten - auf schwarzes Papier gestellt.
2. Mit einem Bleistift malen wir einen Kreis um die Taschenlampe, der etwa 1 - 1,5 cm größer ist als das Glas der Taschenlampe.
3. Die Taschenlampe wird vom Papier genommen und der Kreis ausgeschnitten.
4. Die Kinder stechen in den Kreis verschiedene Löcher, um ein Muster zu machen.
5. Den Kreis legen sie über das Taschenlampenglas und kleben ihn an den Seiten fest.
6. Die Zellophanfolie wird über den Kreis geklebt.
7. In einem abgedunkelten Raum scheinen die Kinder mit der Taschenlampe an die Zimmerdecke. So werden die bunten Muster der Zellophanfolie und des Kreises sichtbar.

Varianten

❖ Die Kinder schneiden andere Muster, Buchstaben oder Formen in den schwarzen Kreis und lassen sie an der Zimmerdecke sichtbar werden.
❖ Über das Glas der Taschenlampe wird eine Plastikfolie gelegt, die mit einem Gummiband festgemacht wird.
❖ Experimentieren Sie mit anderen, durchscheinenden Materialien.

Erklärung

Materialien können lichtundurchlässig, lichtdurchlässig oder durchsichtig sein. Durchsichtige Materialien sind so klar wie das Glas der Taschenlampengläser. Alles Licht kann durch sie hindurchscheinen, und wir können durch sie hindurchschauen. Durch lichtdurchlässige Materialien, wie buntes Zellophan, kann einiges, aber nicht das gesamte Licht scheinen. Lichtundurchlässige Materialien, wie schwarzes Papier, halten das gesamte Licht ab.

Taschenlampenreflexionen

Benötigtes Material

- ✓ Taschenlampe
- ✓ kleiner Taschenspiegel
- ✓ weiße Pappe
- ✓ andersfarbiges Papier
- ✓ Buntstifte oder Federn
- ✓ Füller
- ✓ Schere
- ✓ ein Stückchen Klebeband

- ◆ die Hilfe eines Erwachsenen

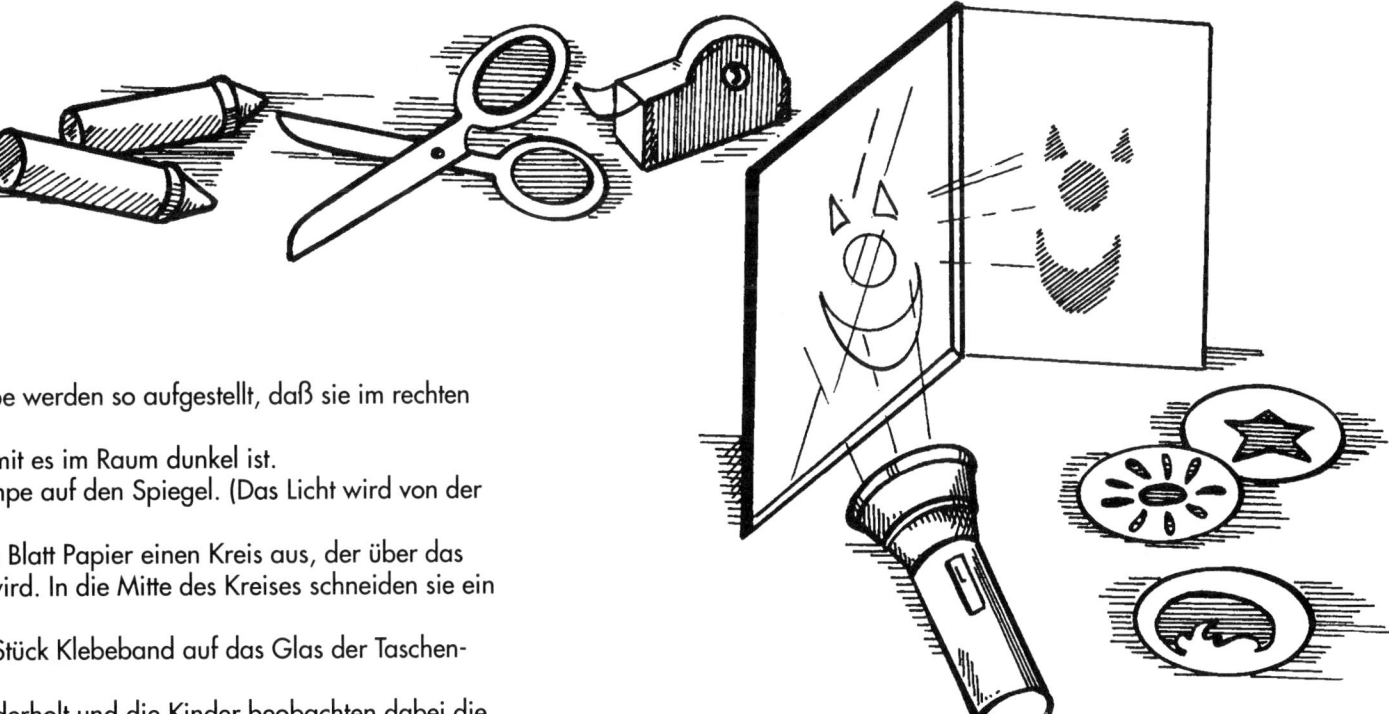

So geht es

1. Der Spiegel und die weiße Pappe werden so aufgestellt, daß sie im rechten Winkel zueinander stehen.
2. Schalten Sie die Lichter aus, damit es im Raum dunkel ist.
3. Scheinen Sie mit der Taschenlampe auf den Spiegel. (Das Licht wird von der weißen Pappe reflektiert.)
4. Die Kinder schneiden aus einem Blatt Papier einen Kreis aus, der über das Glas der Taschenlampe gelegt wird. In die Mitte des Kreises schneiden sie ein Muster.
5. Den Kreis kleben sie mit einem Stück Klebeband auf das Glas der Taschenlampe.
6. Die Schritte 1 bis 3 werden wiederholt und die Kinder beobachten dabei die Reflexion des Musters, die durch den Kreis verursacht wird.

Varianten

- ❖ Experimentieren Sie mit verschiedenen Kreismustern. Sie können Karten mit unterschiedlichen Farben verwenden.
- ❖ Bedecken Sie die Karte mit Aluminiumfolie.
- ❖ Ersetzen Sie die weiße Karte durch einen zweiten Spiegel.

Erklärung

Ein Spiegel ist eine glatte, polierte Glas- oder Metallfläche. Seine Rückseite ist mit einer silbrigen Beschichtung überzogen, die einfallendes Licht reflektiert. Licht, das von einem Spiegel abprallt, wird Reflexion genannt. Der Vorgang der Reflexion ist vergleichbar mit einem Ball, der von einer Wand abprallt.

Bunte Guckschachtel

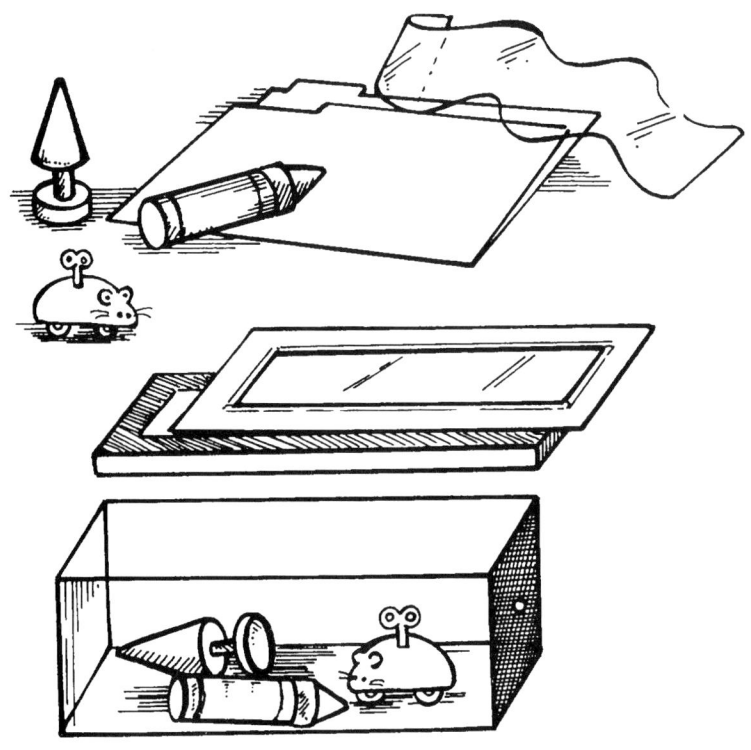

Benötigtes Material

✓ alte Aktendeckel
✓ Schuhkarton mit Deckel
✓ buntes Transparentpapier oder Zellophanfolie
✓ Klebeband
✓ kleine bunte Gegenstände, z.B. kleines Spielzeug
✓ Schere

So geht es

1. Die Aktendeckel werden auf die Größe des Schuhkartondeckels zugeschnitten. Lassen Sie die Kinder verschiedene Karten mit dieser Größe herstellen.
2. In die Karten und in den Schuhkartondeckel wird ein großes Loch geschnitten; ein 5 cm breiter Rand soll auf allen Seiten bleiben, so daß die Karten und der Deckel einem Bilderrahmen ähneln.
3. Transparentpapier mit verschiedenen Farben wird in die Kartenrahmen geklebt.
4. Schneiden Sie in kleines Loch in eine der beiden kurzen Seiten des Schuhkartons.
5. Stellen Sie bunte Gegenstände in den Karton.
6. Die bunten Karten werden auf den Schuhkarton gelegt, damit die Kinder die Farben der Gegenstände im Karton betrachten können. (Hinweis: Das Experiment funktioniert besonders gut, wenn starkes Licht auf die bunten Karten und in die Schachtel scheint.)

Varianten

❖ Die Kinder können sich einen bunten Rahmen vor ihre Gesichter halten und durch ihn die Welt betrachten. Dabei sollen sie darauf achten, wie sich die Farben verändern, wenn sie herumspazieren.
❖ Wenn wir eine alte Sonnenbrille (ohne Gläser) mit Transparentpapier bedecken, können wir die Welt durch bunte Gläser betrachten.
❖ Die Kinder können die Personen oder Gegenstände ihrer Lieblingsgeschichte malen. Um dem ganzen eine Kulisse zu geben, wird das Gemälde in den Karton geklebt.
❖ Bauen Sie eine Winterlandschaft in den Karton, und verzieren Sie den Karton mit einem blauen Rahmen.
❖ Wenn Sie eine Sommerlandschaft in den Karton bauen, versehen Sie den Karton mit einem gelben Rahmen.

Erklärung

Wenn wir durch buntes Transparentpapier schauen, sehen die Gegenstände im Schuhkarton anders aus. Wenn wir z.B. durch rotes Transparentpapier schauen, wird der blaue Buntstift in dem Karton eine andere Farbe haben, weil das Transparentpapier nur für bestimmtes Licht durchlässig ist und den Rest herausfiltert. Filter werden in der Optik, z.B. bei der Farbfotografie benutzt, um unerwünschte Farbanteile des Lichtes auszuschalten.

Lochkamera

   ab **9**

Benötigtes Material

- ✓ Schuhkarton
- ✓ Stecknadel
- ✓ schwarze Farbe
- ✓ Pinsel
- ✓ ein Stückchen eines Films (unbelichtet)
- ✓ undurchsichtiges Klebeband
- ✓ ein vollständig abgedunkelter Raum

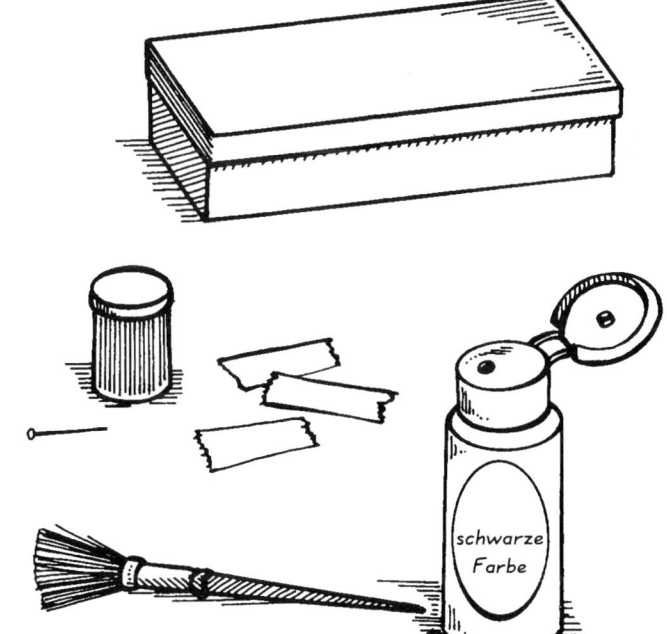

So geht es

1. Die Innenseiten des Kartons und der Deckel werden schwarz angestrichen.
2. In eine der beiden kurzen Kartonseiten stechen wir - in die Mitte der Seite - ein Loch. Über das Loch wird Klebefolie geklebt.
3. Schalten Sie das Licht aus und vergewissern Sie sich, daß der Raum vollständig abgedunkelt ist.
4. Im Dunkeln wird nun der Film auf die Innenseite der anderen, kurzen Kartonseite geklebt, und zwar auf der gleichen Höhe wie das Loch in der gegenüberliegenden Kartonseite. Die matte Seite des Films soll dabei als Belichtungsfläche, die glänzende Seite als Klebefläche dienen.
5. Immer noch im Dunkeln legen Sie den Deckel auf den Schuhkarton und kleben Sie ihn rundherum fest. In den Karton darf kein Licht gelangen.
6. Jetzt ist die Kamera fertig. Stellen Sie sie so auf den Tisch, daß das kleine Loch zum Fenster zeigt. Die Kinder können irgend etwas, von dem ein Bild gemacht werden soll, vor das Fenster stellen.
7. Der Karton darf jetzt nicht mehr bewegt werden. Entfernen Sie das Klebeband, und lassen Sie die Kamera 15 Minuten stehen.
8. Das Klebeband wird nun vorsichtig vor das kleine Loch geklebt. Im Dunkeln sollen die Kinder den Film entfernen und in seine Verpackung stecken. Dann können Sie das Licht wieder anschalten.
9. Bringen Sie den Fim zum Entwickeln in ein Fotogeschäft.

Erklärung

Das Loch in dem Schuhkarton funktioniert wie die Linse einer Kamera. Das Licht aus dem Fensterbereich kommt aus verschiedenen Winkeln in geraden Linien auf das Loch zu. Es scheint durch das Loch in den Karton und trifft auf den Film. Der Film wird belichtet und bildet eine kleinere Ausgabe unserer Fensterszene auf seiner Oberfläche nach.

Sternenfenster

Benötigtes Material

✓ eine klare Nacht
✓ Zeitungen
✓ schwarzes Papier
✓ Werkzeuge, um Löcher zu stechen - wie Schere, Stecknadel, Nagel, Bleistift
✓ ein Fenster
✓ Klebeband

So geht es

1. Die Kinder sollen in einer klaren Nacht die Sterne betrachten. Dabei sollen sie auf die verschieden Lichtgrößen der Sterne achten und auf die Muster, die sie bilden.
2. In einem Innenraum wird ein schwarzes Blatt Papier auf einen dicken Stapel Zeitungen gelegt.
3. Lassen Sie die Kinder unterschiedlich große Löcher in das schwarze Papier stechen. Sie können dabei entweder die Sternenbilder aus der Natur nachahmen oder ein eigenes Firmament entwerfen. Um die verschiedenen Sterngrößen nachzubilden benutzen sie eine Schere, eine Stecknadel, einen Nagel oder einen Bleistift.
4. Nun können sie das schwarze Papier mit den Ecken an ein Fenster kleben. Das Licht, das bei Tag durch das Fenster scheint, wird die Sterne und Muster sichtbar machen.

Varianten

❖ Die Kinder können buntes Zellophan- oder Transparentpapier hinter die Löcher kleben, um den Sternen Farbe zu geben.
❖ Wenn sie große Löcher oder Muster in das schwarze Papier schneiden und es mit bunten Transparentpapier bedecken, bekommen sie ein buntes Fensterglas oder ein Lichtmuster.

Erklärung

Eine Gruppe von Sternen, die ein bestimmtes Muster bilden und daher leicht wiedererkannt werden kann, nennen wir Sternenbild oder Konstellation. Frühere und moderne Zivilisationen haben sich immer schon Gegenstände, Tiere und Menschen in den Sternenbildern vorgestellt. Zu fast jeder Konstellation gibt es ein eigenes phantastisches Abenteuer oder ein Märchen, das davon erzählt, wie dieses Sternenbild entstanden ist. Eine der bekanntesten Konstellationen ist der Große Bär.

Fensterszenerie

Benötigtes Material

- ✓ buntes Transparentpapier
- ✓ durchsichtige Plastikscheibe
- ✓ eine Tasse mit flüssiger Stärke
- ✓ Schere
- ✓ Klebeband
- ✓ Pinsel
- ✓ den Tisch mit Zeitungspapier abdecken

So geht es

1. Eine Plastikscheibe so schneiden, daß sie in ein Fenster paßt. (Bei großen Fenstern ein Stück mit der gewünschten Größe zurechtschneiden.)
2. Die Ecken der Plastikscheibe werden auf dem Zeitungspapier festgeklebt.
3. Lassen Sie die Kinder die Transparentpapierstücke in Muster, Formen oder Bilder schneiden.
4. Streichen Sie mit einem Pinsel Stärke über die Plastikscheibe.
5. Die Transparentpapierstücke werden auf die mit Stärke bestrichene Plastikscheibe gelegt.
6. Streichen Sie noch einmal Stärke über das Transparentpapier. Legen Sie weitere Stücke des Transparentpapiers dazu, bis das Bild fertig ist.
7. Das Ganze vollständig trocknen lassen (gewöhnlich dauert das etwa eine Stunde).
8. Jetzt die Klebe von den Ecken der Plastikscheibe entfernen oder die Ecken abschneiden.
9. Die Kinder können das Fensterbild in ein Fenster kleben und beobachten, wie das Licht durch das lichtdurchlässige Transparentpapier fällt.

Varianten

- ❖ Die Kinder können ein Fensterbild mit Stärke auf gewachstem Papier fertigen.
- ❖ Sie können ein Bild auf weißem Papier basteln, um es an die Wand zu hängen.
- ❖ Basteln Sie mit den Kindern Fensterbilder, indem sie Transparentpapierstückchen auf durchsichtige, selbstklebende Folie kleben. Dieses Bild wird mit einem zweiten Stück Folie versiegelt.
- ❖ Lassen Sie die Kinder an die oberen Seiten des Fensterbildes Löcher machen und Garn durchziehen. Hängen Sie das Bild an einem Ort mit viel Licht auf.

Erklärung

Materialien, die kein Licht durchlassen, werden lichtundurchlässig genannt. Materialien, die etwas Licht durchlassen, wie das Transparentpapier in der Fensterszene, werden lichtdurchlässig genannt.

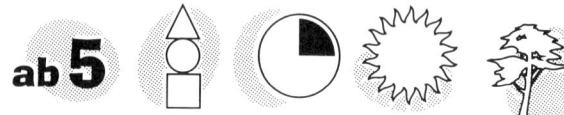
Seifenblasenskulpturen

Spüli

Benötigtes Material

✓ dünner, biegsamer Draht
✓ starkes Geschirrspülmittel
✓ ein Eimer, zur Hälfte mit Wasser gefüllt
✓ 3 Teelöffel (45 ml) Zucker

So geht es

1. Ein Stück Draht wird zu einem beliebigen Muster geformt. Die Form sollte geschlossen sein. (Mit Kreisen, geometrischen Mustern, Figuren oder Tieren läßt sich prima arbeiten.)
2. Das andere Drahtende wird zu einer Schlaufe geformt.
3. Geben Sie eine ganze Flasche Geschirrspülmittel in den Wassereimer.
4. Um die Lösung dickflüssiger zu machen, fügen Sie drei Teelöffel Zucker hinzu.
5. Die Kinder tauchen den Draht in die Seifenlösung.
6. Nun sollen sie langsam den mit Seifenlösung gefüllten Draht herausziehen und die Farben betrachten. (Die Kinder können nach den andersfarbigen Streifen in den Seifenblasen Ausschau halten und beobachten, wie sich die Farben verändern, wenn die Seifenlösung in die untere Hälfte der Form läuft.)
7. Die Kinder sollen versuchen aus der Seifenlösung eine Blase zu pusten, die wegfliegt.

Varianten

❖ Die Kinder können aus dem Draht Tierformen basteln.
❖ Sie können eine Drahtschlaufe in eine Form biegen und dann die Drahtschlaufe in einen großen Kübel Seifenlösung tauchen.
❖ Versuchen Sie auch mit anderen Gegenständen Seifenblasen zu machen z.B. mit Ringen, die aus Konservendosen geschnitten wurden, mit Spielzeug, durchlöcherten Löffeln oder mit einer sauberen Fliegenklatsche.

Erklärung

Die Farben auf der Seifenblasenoberfläche entstehen durch Lichtstrahlen, die sich überlagern. Lichtstrahlen, die von der inneren Oberfläche der Seifenblase reflektiert werden, überlagern sich mit den Lichtstrahlen, die von der äußeren Oberfläche reflektiert werden. Dabei werden einige Farben aufgehoben und unsichtbar, andere Farben verbinden sich auf der Oberfläche der Seifenblase zu Farbgruppen.

Kapitel 3
Bewegung und Energie

Schüttelbilder

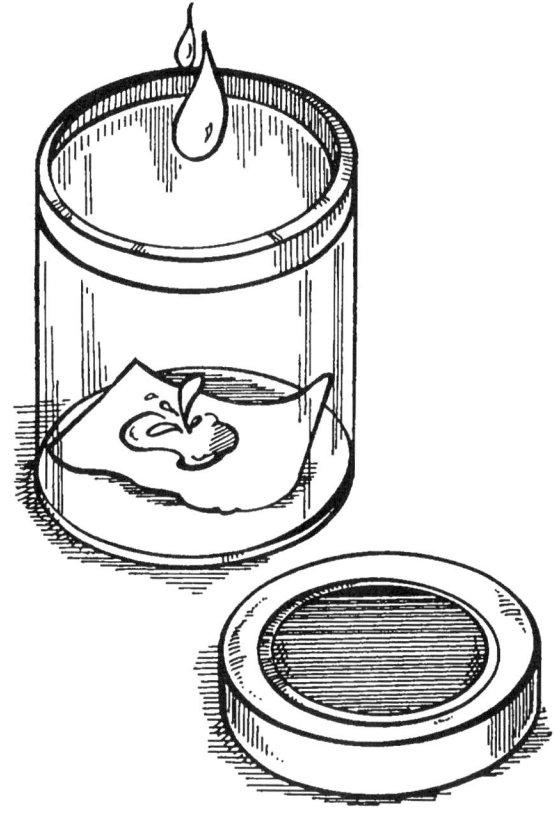

Benötigtes Material
- ✓ Papier
- ✓ Schere
- ✓ flüssige Temperafarbe
- ✓ Topf, Dose oder Glas mit einem Deckel

So geht es
1. Das Papier wird so klein geschnitten, daß es in den Behälter paßt.
2. Legen Sie das Papier so in den Behälter, wie es die Illustration zeigt.
3. Die Kinder sollen einige Tropfen Farbe in den Topf träufeln.
4. Dann den Deckel auf den Topf schrauben und den Topf schütteln.
5. Jetzt können die Kinder den Topf öffnen und das Schüttelbild herausnehmen.
6. Das Bild trocknen lassen.

Varianten
- ❖ Machen Sie das Experiment mit zwei oder mehreren Farben.
- ❖ Nachdem eine Farbe in den Behälter geträufelt wurde, können die Kinder das Bild in einen zweiten Behälter legen und eine weitere Farbe dazugeben.
- ❖ Kleben Sie kleine kleine Stückchen Klebefolie auf das Papier, bevor Sie es in den Behälter kleben. Wenn das Bild getrocknet ist, können Sie die Klebefolie entfernen und den Effekt betrachten.

Erklärung

Bei jeder Aktion gibt es eine Reaktion. Wenn man die Dose schüttelt, reagiert die Farbe auf diesen Vorgang, indem sie auf das Papier abfärbt. Wir brauchen die Energie unserer Muskeln, um die Farbe in dem Glas hin- und herschütteln zu können. Immer wenn die Farbe auf das Papier trifft, wird sie in unvorhersehbaren Mustern vom Papier aufgesaugt.

Laufende Farben

Benötigtes Material

✓ flüssige Temperafarbe
✓ Staffeleibrett, mit einem Farbeneinsatz
✓ ein Stapel Klötze
✓ Murmeln, Spielzeugautos, kleine Bälle, Spulen
✓ ein großes Blatt Fleischerpapier
✓ Zeitungen

So geht es

1. Das Staffeleibrett wird mit Fleischerpapier bedeckt, der Boden mit Zeitungspapier geschützt.
2. Lassen Sie die Kinder Holzklötzchen unter die eine Seite des Staffeleibrettes stellen, um das Brett zu neigen. Der Farbeinsatz soll dabei unten liegen (um rollende Gegenstände aufzufangen).
3. Die Kinder sollen nur jeweils ein Spielzeug (eine Murmel oder ein Spielzeugauto) in die Farbe eintauchen, die sich in einem Deckel oder einer flachen Tasse befindet.
4. Nun können sie das Spielzeug an den Anfang des erhöhten Staffeleibrettes stellen und hinunterrollen lassen, so daß es farbige Muster hinterläßt.

Varianten

❖ Variieren Sie die Höhe des Staffeleibrettes, um die Rollgeschwindigkeit der Spielzeuge oder das Muster, das die Spielzeuge bilden, zu verändern.
❖ Die Kinder können ein in Farbe getauchtes Spielzeug die Anhöhe hinunterschupsen, um die Muster zu beschleunigen.
❖ Die Kinder träufeln mit einem Löffel oder einem Quetschfläschchen Farbkleckse auf die Anhöhe der Neigung. Sie sollen jeweils nur ein Spielzeug durch die Farbkleckse rollen lassen.

Erklärung

Aufgrund der Erdanziehungskraft rollen Spielzeugautos, Murmeln und Bälle die Neigung des Staffeleibrettes hinunter, werden aber durch die Reibungskraft gebremst.

Streifenkreisel

Benötigtes Material

✓ schwarzes Papier
✓ Schere
✓ weiße Kreide
✓ Bleistift
✓ Klebeband

So geht es

1. Aus dem schwarzen Papier wird ein Kreis mit einem Durchmesser von 15 cm herausgeschnitten.
2. Die Kinder tupfen mit der Kreide weiße Punkte auf den schwarzen Kreis.
3. Mit der Bleistiftspitze wird der Mittelpunkt des Kreises durchstochen. Mit Klebestreifen machen wir den Kreis auf der Unterseite am Bleistift fest.
4. Die Kinder sollen den Bleistift zwischen beide Handinnenseiten legen und vor- und rückwärts bewegen. Währenddessen sollen sie beobachten, wie die Punkte zu Strichen werden.

Varianten

❖ Die Kinder können mit verschiedenfarbigen Buntstiften Punkte auf einen weißen Kreis malen und diesen mit den Handinnenflächen drehen.

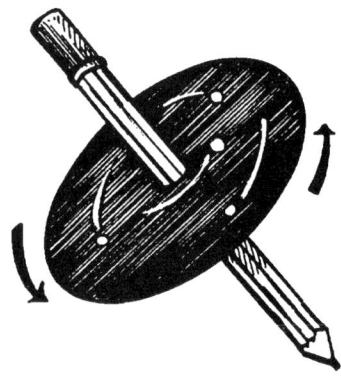

Erklärung

Wir wissen, es sind Kreidepunkte auf dem Papier, aber wenn sich das Papier dreht, sehen wir Ringe auf dem Papier. Die Augen können dem sich schnell drehenden Bild aus Punkten nicht folgen.

Drehender Regenbogen

    **ab 8**

Benötigtes Material

- ✓ ein kleiner Pappteller mit abgeschnittenem Rand
- ✓ Bleistift
- ✓ Klebeband
- ✓ Pipette
- ✓ verdünnte Temperafarbe
- ✓ eine Gegend draußen
- ✓ Schürze

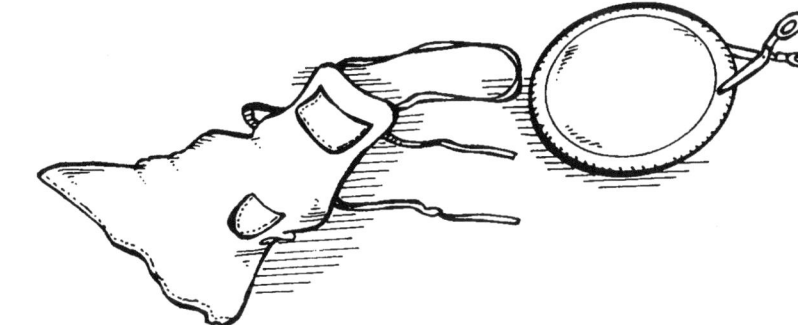

So geht es

1. Die Kinder sollen dieses Experiment draußen machen und zum Schutz ihrer Kleidung eine Schürze tragen.
2. Mit der Bleistiftspitze wird in den Mittelpunkt des Papptellers ein Loch gestochen. Der Pappteller wird mit Klebefolie auf der Unterseite am Bleistift befestigt.
3. Die Kinder geben einen Tropfen Farbe auf die obere Seite des Kreises in die Nähe des Bleistiftes.
4. Nun können sie den Bleistift zwischen beide Handinnenseiten legen, vor- und rückwärts bewegen. Die Farbe wird so auf dem Papier ausgebreitet und auf dem Teller herumgewirbelt.

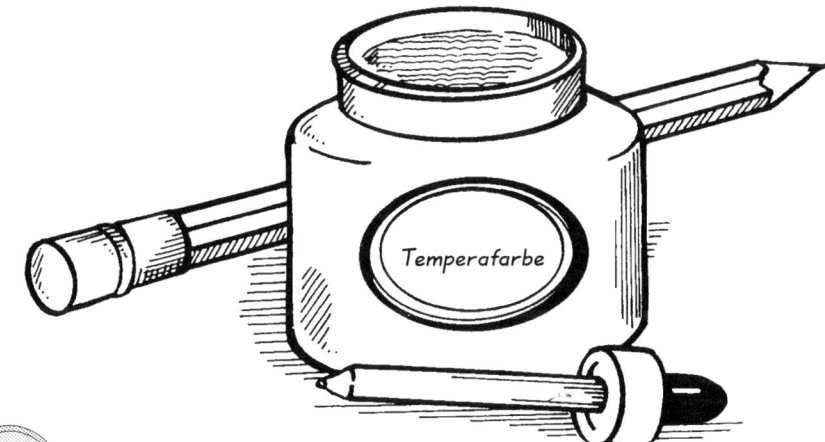

Temperafarbe

Varianten

- ❖ Benutzen Sie verschiedene Papierstücke und -sorten, um sie auf dem Bleistift zu drehen.
- ❖ Verwenden Sie dickflüssigere Temperafarben.
- ❖ Experimentieren Sie mit Lebensmittelfarben.

Erklärung

Zentrifugalkraft ist die Kraft, durch die ein sich drehender Gegenstand vom Mittelpunkt weg nach außen gedrückt wird.

Wenn Farbtropfen auf dem Teller schnell gedreht werden, wird die Farbe herum- und von dem Bleistift weggewirbelt, während sie spiralförmige Muster macht. Der Bleistift ist die Achse und das Zentrum der Zentrifugalkraft. Die Farbe bewegt sich in gleichmäßiger Kraft von der Achse weg zum Außenrand des Tellers.

Wandernde Haustiere

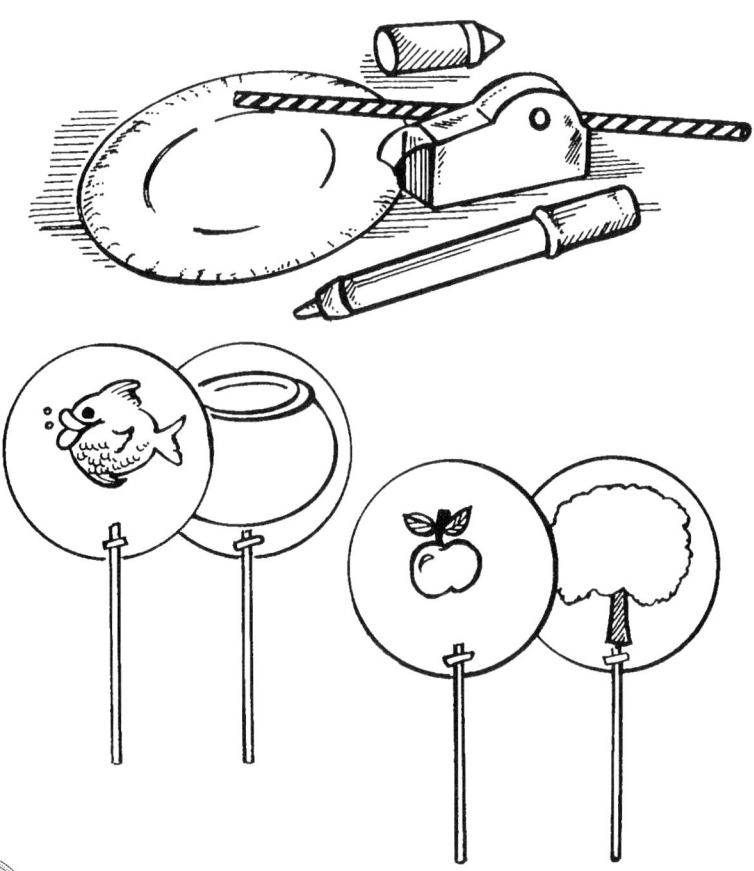

Benötigtes Material

- ✓ Pappteller
- ✓ Bunt- oder Filzstifte
- ✓ Trinkhalm, Bleistift oder Dübel
- ✓ Klebeband

So geht es

1. Die Kinder sollen an ein Tier denken und sich vorstellen, wo es lebt: Ein Goldfisch im Glas, ein Hund in einer Hundehütte, eine Katze im Körbchen, ein Vogel im Käfig usw.
2. Der Rand des Папptellers wird abgeschnitten.
3. Die Kinder malen auf die eine Seite des Papptellers ein Tier.
4. Auf die andere Seite des Papptellers malen die Kinder das Haus oder den Schlafplatz des Tieres.
5. Den Pappteller kleben Sie an einem Trinkhalm oder einem Bleistift fest; die Klebestreifen dürfen die Farbe auf dem Pappteller nicht bedecken.
6. Jetzt können die Kinder den Bleistift in die Handinnenflächen legen und die Hände reiben, so daß sich der Pappteller schnell vor- und rückwärts dreht. Das Tier wird in seinem Haus oder Schlafplatz "erscheinen".

Varianten

❖ Die Kinder können sich zwei Gegenstände ausdenken, die zusammengehören, z. B. ein Würstchen in einem Brötchen, ein Lächeln auf einem Gesicht, einen Apfel an einem Baum oder Geld in einer Bank

Erklärung

Wenn man zwei Bilder sehr schnell vor den Augen bewegt, sehen sie wie ein Bild aus. Diese Erscheinung wird optische Täuschung genannt. Wir sehen die beiden Bilder als eines, denn sie wechseln sich so schnell ab, daß die Augen der Bewegung nicht folgen können.

Speichenweberei

Benötigtes Material

✓ Dreirad
✓ Papier
✓ Zierband, Kreppapier, Draht
✓ eine Spielgegend draußen

So geht es

1. Das Dreirad wird auf den Kopf gestellt, damit sich das große Rad frei bewegen kann.
2. In dem großen Rad gestalten die Kinder Muster. Hierzu sollten sie das Garn, das Kreppapier und das Zierband an den Speichen festbinden.
3. Um das Muster zu sehen, wird das Rad gedreht. Die Kinder sollten Finger, offenes Haar und Kleidung vom drehenden Rad fernhalten.
4. Dekorieren Sie auch die beiden kleinen Räder und drehen Sie alle drei Räder.

Varianten

❖ Sie können Kreppapier mit zwei verschiedenen Farben, z.B. gelb und blau, in die Speichen binden. Wenn sie dann das Rad drehen, können sie feststellen, ob sich eine neue Farbe bildet.
❖ Verwenden Sie Zweige, Blätter, Blumen u.ä., um die Speichen zu schmücken.

Erklärung

Der geschmückte Reifen des Dreirades dreht sich sehr schnell. Das menschliche Auge kann den Bildern nicht folgen, so daß wir die Farben und Formen verschwommen wahrnehmen. Wenn sich der Reifen langsamer dreht, beginnt das Auge, einzelne Formen und Farben zu erkennen.

Murmelskulptur

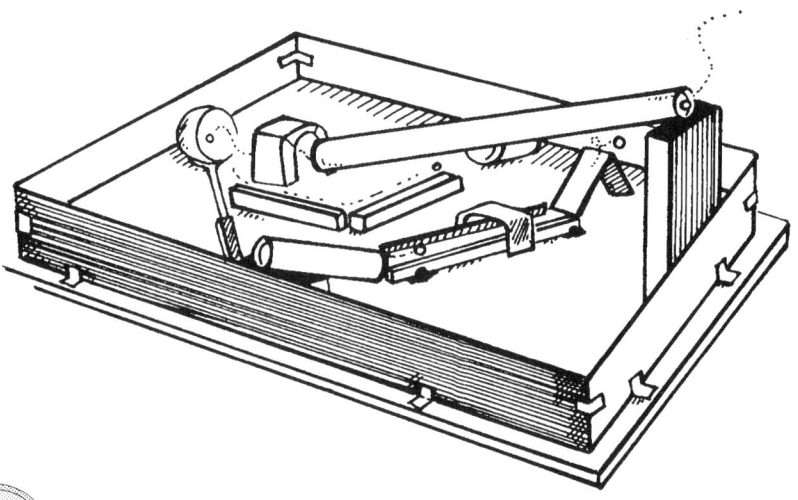

Benötigtes Material
✓ Tisch
✓ Murmeln
✓ feste Pappstreifen
✓ Klebeband
✓ Schere
✓ Materialien, um daraus eine Skulptur zu bauen:
Knete, Röhrenisolierung, Plastikröhren, Körbe, Joghurtbecher, Klötzchen, Pappröhrchen, Dosen u.ä.

So geht es
1. Die Pappstreifen werden an den Tischkanten festgeklebt, um zu verhindern, daß die Murmeln herunterrollen.
2. Die Kinder legen die Materialien für die Skulpturen auf den Tisch und bauen eine Skulptur für die Murmeln.
3. Benutzen Sie Gefälle, Verbindungsstücke und Tunnel, damit die Murmeln weiterrollen können. Mit Knete können die Plastik- und Pappröhren sowie die Dosen abgestützt und Tunnel und Strecken gebaut werden.
4. Jetzt können die Murmeln durch die Skulptur rollen.

Varianten
❖ Lassen Sie die Kinder ein Gesicht in einen Kartondeckel malen; an die Stelle, an der die Pupillen sitzen, sollen sie zwei Löcher stechen. Nun legen wir zwei Murmeln in den Deckel und versuchen sie in die Augenlöcher zu setzen, indem wir die Schachtel nach oben und unten neigen.
❖ Die Kinder können sich andere Deckel- und Murmelspiele ausdenken.

Erklärung

Eine Murmel ist ein glatter, runder Gegenstand, der sehr leicht rollt. Ist die Murmel einmal in Bewegung, rollt sie sehr lange weiter, wenn sie nicht durch ein Hindernis aufgehalten wird. Dieses besagt auch das physikalische Gesetz der Trägheit. Danach neigt ein Gegenstand dazu, in seinem jeweiligen Zustand zu verharren, also z.B. zu ruhen oder sich vorwärtszubewegen. Um die Trägheit zu überwinden, muß Kraft aufgewendet werden. Auch andere physikalische Gesetze können auf die rollende Murmel angewendet werden. Das Gesetz von der Schwerkraft erklärt z.B. warum die Murmel die Neigungen hinunterrollt. Die Schwerkraft ist eine unsichtbare Kraft, die auf der Erde alle Gegenstände zum Erdmittelpunkt zieht. Deshalb fällt z.B. ein Stein, den wir in die Luft werfen, auf den Boden. Das Gesetz von der Reibung erklärt, warum die Murmel langsamer wird. Reibung ist eine Kraft, die Bewegungen verlangsamt und Wärme erzeugt. Sie entsteht, wenn zwei Oberflächen, von denen mindestens eine in Bewegung ist, miteinander in Berührung kommen.

Zahnradskulptur

Benötigtes Material

✓ Deckel in verschiedener Größe
✓ leere Nähgarnrollen
✓ Klebstoff
✓ dicke Pappe
✓ zwei 4-5mm dicke Nägel, andere verfügbare Nägel
✓ in Streifen geschnittenes Sandpapier für die Deckelränder

So geht es

1. Ein Nagel wird in die Pappe gestochen. Er wird die Achse des Deckels.
2. Bekleben Sie zwei Deckelränder mit Sandpapierstreifen.
3. Unter die Deckel werden Nähgarnrollen geklebt.
4. Die Kinder setzen das Loch der Nähgarnrollen auf den Nagel.
5. Ein zweiter Nagel wird durch die Pappe gestochen. Auch hier setzen wir eine Nähgarnrolle mit einem Deckel auf die Pappe. Die beiden Deckel sollen so auf die Pappe gesetzt werden, daß sie sich berühren.
6. Kleben Sie eine Nähgarnrolle auf einen der beiden Deckel. Diese wird als Kurbel benutzt, mit der sie beide Deckel drehen können.
7. Fügen Sie weitere Deckel mit Sandpapierrändern und Nagelachsen hinzu.

Varianten

❖ Die Kinder können die Deckelfarben aufeinander abstimmen. So erhalten sie eine farbenfrohe, abwechslungsreiche Skulptur.
❖ Bekleben Sie die Oberseite der Deckel mit bemalten oder angestrichenen Papierkreisen.
❖ Sie können können auch kleinere und größere Deckel in einer Reihe einsetzen. So bekommen sie eine Verkettung von bewegten Scheiben.

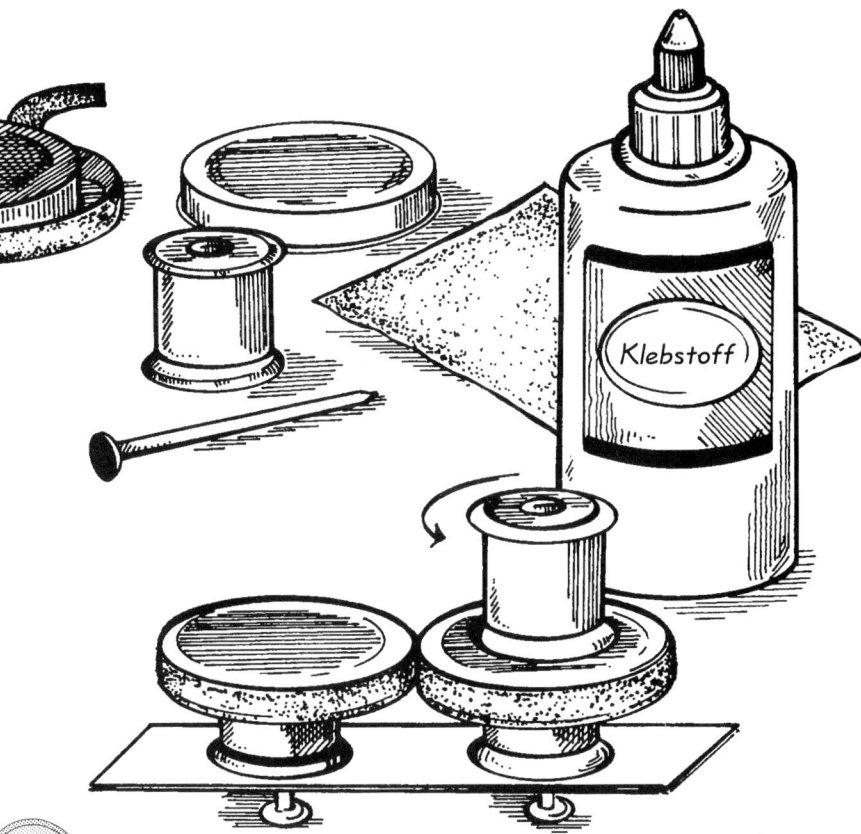

Erklärung

Die angerauhten Oberflächen der Sandpapiere bewegen sich nicht leicht aneinander vorbei, da die Sandkörner ineinandergreifen. Wenn man nur einen Deckel bewegt, bewegen sich auch die anderen Deckel, wenn sie einander berühren. So kostet es zwar ein wenig Kraft, den Deckel zu bewegen, aber mit der Drehung nur eines Rades wird sehr viel Arbeitsenergie erzeugt. Dieser Vorgang ist dem eines richtigen Zahnrades sehr ähnlich. Die Bewegung eines Zahnrades wird auf das nächste übertragen, daß sich in die entgegengesetzte Richtung bewegt.

Malpendel

Schwerkraft

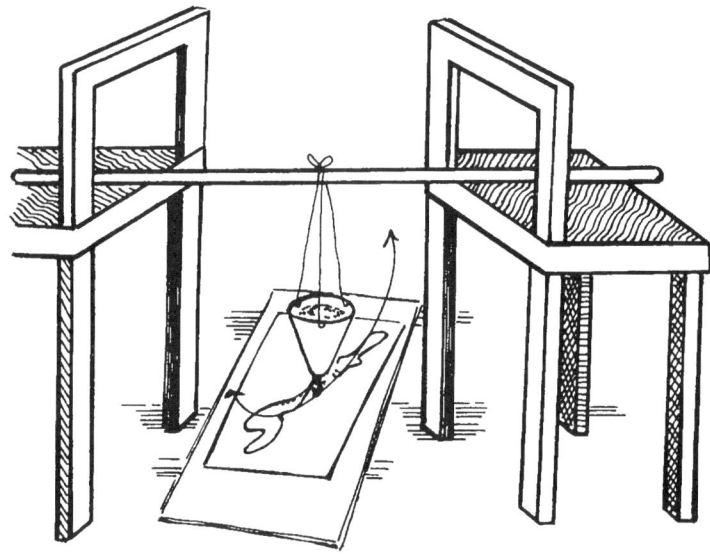

Benötigtes Material

✓ Papiertrichter (das kann eine kegelförmig zusammengeklebte Papptasse sein)
✓ Schnur
✓ Schere
✓ Verbindungsstange
✓ stark verdünnte, wäßrige Temperafarbe (so verdünnt, daß sie fließt)
✓ Zeitungen
✓ Klebeband
✓ Zeichenpapier
✓ Stühle

◆ die Hilfe eines Erwachsenen

So geht es

1. Mit der Scherenspitze werden drei Löcher am oberen Trichterrand gestochen.
2. Führen Sie die Schnüre durch die Löcher. Dann knoten Sie die drei Fadenenden über der Tasse zusammen.
3. Der Trichter wird an der Schnur in die Mitte der Holzstange gehängt.
4. Legen Sie die Stange über die Sitze zweier Stühle. Die Stühle sollen Rücken an Rücken und soweit voneinander entfernt stehen, daß der Trichter frei schwingen kann.
5. Den Boden unter dem Trichter bedecken wir mit Zeitungspapier. Auf die Zeitungen legen Sie ein Blatt Papier.
6. Stechen Sie ein winziges Loch in die Trichterspitze, damit die Farbe langsam herauslaufen kann.
7. Das Klebeband wird von außen über das Loch geklebt.
8. Die Kinder füllen die Hälfte des Trichters mit wäßriger Temperafarbe.
9. Nun wird das Klebeband entfernt, damit die Farbe aus dem Trichter herausfließen kann. Die Kinder sollen den Trichter nur einmal hochziehen und danach allein weiterschwingen lassen.
10. Die Kinder können den Trichter so lange mit Farbe füllen und schwingen lassen, bis das Bild vollständig ist.

Erklärung

Ein Pendel ist ein beliebiger, freihängender Gegenstand. Stößt man ein solches Pendel an, beginnt es hin und her zu schwingen, wobei es mit der Zeit langsamer pendelt und irgendwann wieder ruhig hängt. Ursache dafür ist die die Schwerkraft, auch Erdanziehungskraft genannt. Sie ist eine unsichtbare Kraft, die alle Dinge auf der Erdoberfläche und in ihrer Nähe zum Erdmittelpunkt zieht.

Die Schwerkraft versucht auch unseren schwingenden Trichter zur Erde zu ziehen. Deshalb werden die Schwungbewegungen immer kürzer und der Trichter bleibt irgendwann ruhig hängen. Wenn also die Farbe aus dem Trichter hinausträufelt, erhalten wir ein Muster von der durch die Schwerkraft verursachten Pendelbewegung.

Salzpendel

  ab **9**

Benötigtes Material

✓ ein spitzer Bleistift
✓ Besenstil oder andere Stange
✓ Schnur
✓ ein Päckchen Salz
✓ ein großes Blatt schwarzes Papier
✓ zwei gleiche Stühle
✓ Papptasse
✓ Schere
✓ Klebeband
✓ Zeitungen

◆ die Hilfe eines Erwachsenen

So geht es

1. Stechen Sie mit der Bleistiftsspitze ein kleines Loch in die Mitte des Tassenbodens. (Hinweis: Stechen Sie von innen nach außen. Hier sollten Erwachsene den Kindern helfen).
2. Stechen Sie in gleichen Abständen drei Löcher in den Tassenrand.
3. Die Kinder sollen drei Schnurstücke abschneiden und durch die drei Löcher ziehen. Dann werden die drei Enden, wie auf der nebenstehenden Zeichnung dargestellt, zusammengeknotet.
4. Die beiden Stühle werden Rücken an Rücken, ein wenig voneinander entfernt, aufgestellt. Die Stange wird über die Stuhllehnen gelegt und mit dem Klebeband befestigt.
5. Schneiden Sie ein langes Stück Schnur ab. (So lang, daß es von der Stange bis zum Boden reicht.)
6. Die Kinder können das eine Ende der Schnur an der Stange, das andere an den Knoten der Trageschnüre der Tasse festbinden.
7. Bedecken Sie den Boden mit Zeitungen. Auf die Zeitungen, unter die Tasse, wird schwarzes Papier gelegt.
8. Ein Kind kann mit einem Finger das Loch zuhalten, während ein anderes die Tasse mit Salz füllt.
9. Lassen Sie das Pendel schwingen und das Salz hinauslaufen.
10. Wenn das Salz aus der Tasse hinausläuft, wird es auf das schwarze Papier Bewegungsmuster zeichnen.

Erklärung

Ein Pendel ist ein beliebiger, freihängender Gegenstand. Stößt man ein solches Pendel an, beginnt es hin und her zu schwingen, wobei es mit der Zeit langsamer pendelt und irgendwann wieder ruhig hängt. Ursache dafür ist die die Schwerkraft, auch Erdanziehungskraft genannt. Sie ist eine unsichtbare Kraft, die alle Dinge auf der Erdoberfläche und in ihrer Nähe zum Erdmittelpunkt zieht.
Die Schwerkraft versucht auch unsere schwingende Tasse zur Erde zu ziehen. Deshalb werden die Schwungbewegungen immer kürzer und die Tasse bleibt irgendwann ruhig hängen. Wenn also das Salz aus der Tasse herausrieselt, erhalten wir ein Bewegungsmuster von der durch die Schwerkraft verursachten Pendelbewegung.

Polierte Wachsstifte

Benötigtes Material

- ✓ Wachsmalstifte
- ✓ Papierhandtücher
- ✓ Papier

So geht es

1. Lassen Sie die Kinder mit einem festaufgedrückten Wachsmalstift ein Muster oder ein Bild auf das Papier malen. (Sie sollen dabei eine große Anzahl heller Farben benutzen und fest aufdrücken.)
2. Jetzt können sie ein Papierhandtuch über die Zeigefinger legen und die Farbflächen so lange polieren, bis sie ineinander verschmiert sind und leuchten.

Varianten

- ❖ Die Kinder können mit Wachsmalstiften ein Blatt Papier färben und die Farben polieren. Nun können sie der Zeichnung Kreide hinzufügen. Wenn sie die Wachs- und Kreideflächen polieren, wird sich beides vermischen.
- ❖ Legen Sie das Papier auf eine warme Oberfläche, z.B. auf einen Speisewärmer. Die Kinder können mit alten Wachsmalstiften auf das warme Papier malen (das Wachs wird sich dabei abschälen).

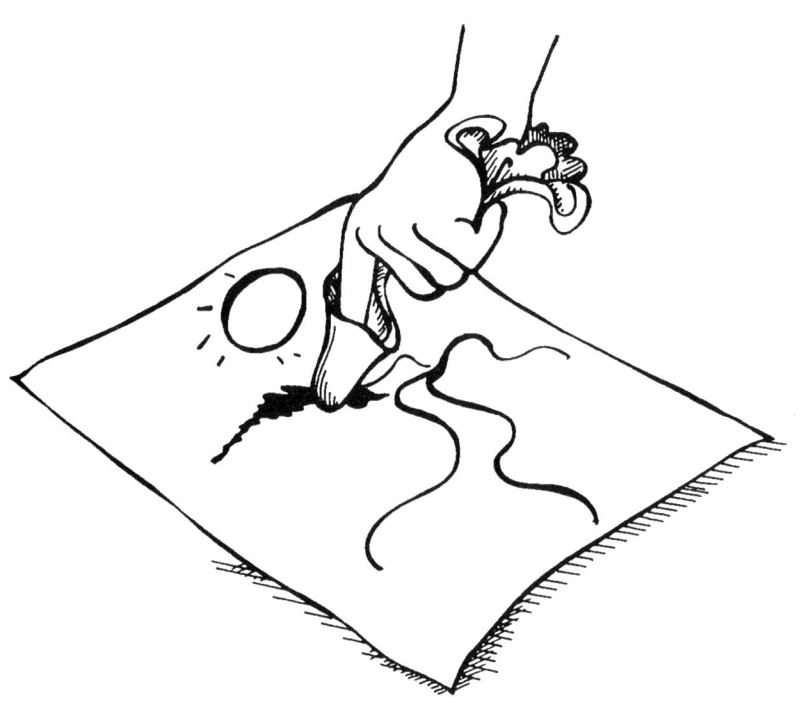

Erklärung

Wenn auf den Flächen mit Wachsmalfarben kräftig gerieben wird, wird durch die Reibung Wärme erzeugt. Die Wachs-/Farbmoleküle bewegen sich schneller und verstreuen sich oder schmelzen. Wenn die Reibung aufhört, kühlt das Wachs ab, weil sich die Moleküle langsamer bewegen. Sie bleiben dann in der Form, die sie durch die Reibung bekommen haben.

Wachsfiguren

schmelzen

Dieses Experiment hat sich die zehnjährige Amy Cheney aus Bellingham (USA) ausgedacht

Benötigtes Material

✓ Ausstechformen in verschiedenen Tier- oder Naturformen
✓ sehr starke Aluminiumfolie
✓ Stummel von Wachsmalstiften
✓ Backblech
✓ Ofen
✓ Garn oder Schnur

◆ die Hilfe eines Erwachsenen

So geht es

1. Bedecken Sie den Boden der Plätzchenformen mit zwei Schichten Aluminiumfolie, um ein Auslaufen der geschmolzenen Wachsmalstifte zu verhindern.
2. Die mit Aluminiumfolie ausgelegten Plätzchenformen werden auf ein Backblech gelegt.
3. Die Kinder füllen jede Plätzchenform mit abgebrochenen Wachsmalstiften. (Wenn sie verschiedene Farben verwenden, erzielen sie einen Regenbogeneffekt.)
4. Das Backblech wird 10 Minuten oder so lange in den warmen Ofen gestellt, bis die Stummel angeschmolzen, aber noch nicht flüssig sind.
5. Danach das Backblech mit den Plätzchenformen etwa ein halbe Stunde in den Gefrierschrank stellen.
6. Nehmen Sie nun die Plätzenformen aus dem Gefrierschrank, und lassen Sie die Kinder vorsichtig die Plätzchenformen von den Wachsfiguren entfernen.
7. Legen Sie um den Hals jeder Form eine Schnur und befestigen Sie sie.

Varianten

❖ Sie können auch andere Plätzchenformen benutzen, wie z. B. Kreise, Bäume oder Sterne. Die Wachsfiguren eignen sich auch als Geschenk oder als Dekoration.

Erklärung

Um die Wachsmalstifte zu schmelzen, muß man sie erhitzen. Wenn sie erhitzt sind, bewegen sich die Farb-/Wachsmoleküle schneller, verteilen sich und füllen die Plätzchenform aus. Durch Abkühlen werden die Moleküle in ihren Festzustand zurückgebracht. Die Moleküle bleiben in der Form, die sie durch das Erhitzen bekommen haben.

Heißes Sandpapier

schmelzen

Benötigtes Material

✓ feines Sandpapier
✓ Wachsmalstifte
✓ niedrig temperierter Ofen, etwa 120°C
✓ Aluminiumfolie
✓ Backblech

◆ die Hilfe eines Erwachsenen

So geht es

1. Das Backblech wird mit Aluminiumfolie ausgelegt.
2. Lassen Sie die Kinder mit den Wachsmalstiften das Sandpapier bemalen. Sie sollen dabei sehr stark aufdrücken.
3. Die Sandpapierzeichnung wird auf die Folie gelegt.
4. Um die Zeichnung langsam zu schmelzen, muß sie bei 120°C ca. zehn bis fünfzehn Sekunden gebacken werden.

Varianten

❖ Pressen Sie ein Blatt weißes Schreibmaschinenpapier auf das Sandpapier, wenn es noch warm und weich ist. Danach können Sie das Papier für einen Sandpapierdruck abziehen.
❖ Die Kinder legen Buntstiftraspel auf ein mit Aluminiumfolie bedecktes Backblech und lassen das Ganze in einem warmen Backofen schmelzen. Die Folie wird aus dem Ofen genommen und ein Blatt Papier auf die geschmolzene Buntstiftmasse gepreßt. Für einen Druck muß das Papier abgezogen werden.

Erklärung

Jedes Material hat einen Schmelzpunkt, also eine Temperatur, bei der ein Gegenstand von einem Festkörper zu einer Flüssigkeit wird. Der Schmelzpunkt von Wachsmalstiften ist sehr niedrig und tritt sehr schnell in einem warmen Ofen ein. Die geschmolzenen Wachsfarben zerfließen und verteilen sich auf dem Sandpapier. Sie werden wieder zu einem festen Körper, wenn man sie abkühlt.

Gebackene Zeichnungen  ab 6

schmelzen

Benötigtes Material

✓ Wachsmalstifte
✓ Pappe oder festes Papier
✓ Backofen
✓ Backblech
✓ Aluminiumfolie

◆ die Hilfe eines Erwachsenen

So geht es

1. Lassen Sie die Kinder ein Muster auf die Pappe oder das feste Papier malen. (Die Passepartoutpappen, die man in Bastellgeschäften bekommt, sind besonders gut geeignet.)
2. Die Kinder sollen mit den Stiften sehr fest aufdrücken, so daß eine sehr dicke Schicht Farben aufgetragen wird.
3. Die Zeichnung wird auf ein mit Aluminiumfolie bedecktes Backblech gelegt.
4. Stellen Sie das Backblech mit der Zeichnung in den warmen Ofen. Lassen Sie die Ofentür geöffnet, damit die Kinder beobachten können, wie die Zeichnung schmilzt.
5. Wenn die Zeichnung geschmolzen ist, nehmen Sie sie vorsichtig aus dem Ofen und lassen Sie sie abkühlen.

Varianten

❖ Die Kinder malen mit Wachsmalstiften auf einen Stein. Den bemalten Stein stellen Sie in einen warmen Ofen und die Kinder beobachten, wie die Farbe schmilzt.
❖ Sie können auf Sandpapier malen und die Zeichnung in einem warmen Ofen schmelzen lassen.
❖ Experimentieren Sie mit anderen Papiersorten und Materialien. Bemalen Sie sie mit Wachsmalstiften, und stellen Sie sie in einen warmen Ofen.

Erklärung

Jedes Material hat seinen Schmelzpunkt, also eine Temperatur, bei der ein Gegenstand von einem Festkörper zu einer Flüssigkeit wird. Der Schmelzpunkt des Wachses ist sehr niedrig und tritt sehr schnell in einem warmen Ofen ein. Das Wachs fließt über das Papier und wird wieder zu einem Festkörper, wenn wir es abkühlen lassen.

Automotorzeichnung

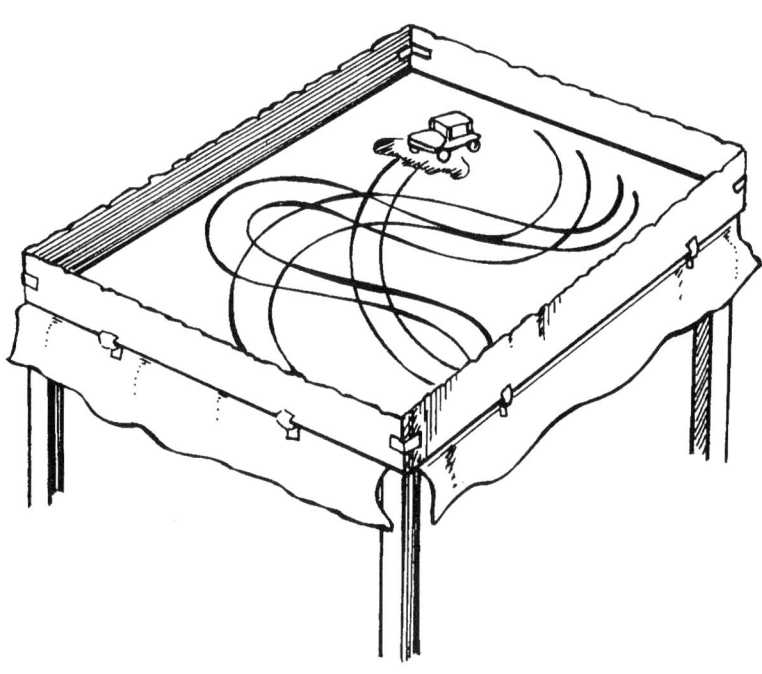

Benötigtes Material

✓ ein mit einer kleinen Batterie angetriebenes Spielzeugauto
✓ ein mit Fleischerpapier oder Zeitungen abgedeckter Tisch
✓ Pappe, die an den Tischrändern befestigt wird, um den Tisch einzuzäunen
✓ Temperafarbe
✓ Löffel oder Pinsel
✓ Seifenlösung, um den Tisch und das Auto zu reinigen (Geschirrspülmittel)
✓ Papierhandtücher

So geht es

1. Der Tisch wird mit Zeitungs- oder Fleischerpapier bedeckt.
2. Damit das Auto nicht herunterfallen kann, befestigen Sie die Pappe an den Tischkanten als Zaun bzw. als Bande.
3. Die Kinder können an einer beliebigen Stelle Farbe auf das Papier geben.
4. Das Spielzeugauto wird auf das Papier gestellt und angeschaltet.
5. Das Spielzeugauto durch die Farbe fahren lassen. Es wird beliebige Muster erzeugen.
6. Das Auto wird vom Tisch genommen, die Batterie entfernt.
7. Die Kinder reinigen die Reifen und das Auto vorsichtig mit der Seifenlösung und trocknen sie dann mit den Papierhandtüchern ab.
8. Dann können die Kinder die Batterie wieder einsetzen und dem Gemälde noch mehr Muster hinzufügen oder ein neues Bild beginnen.

Varianten

❖ Benutzen Sie ein preiswertes Auto mit Fernbedienung.
❖ Die Kinder können auch ein anderes Spielzeug benutzen, das rollt, und es mit der Hand durch die Farbe führen und Muster schaffen.

Erklärung

Eine Batterie ist eine elektrische Zelle, die durch eine chemische Reaktion Elektrizität erzeugt. Elektrizität ist eine Energie und besteht aus einem Fluß von geladenen Teilchen, den Elektronen. Der Elektromotor des kleinen Autos wandelt die elektrische Energie in mechanische Energie um, die das Auto durch die Farbe bewegt.

Mondlandschaft

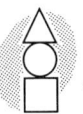

Schwerkraft

Benötigtes Material

- ✓ sehr weiche Modelliermasse oder Plastilin
- ✓ ein flaches Metalltablett
- ✓ runde Gegenstände wie Kugeln, Murmeln, Tennisbälle, Apfelsinen
- ✓ Temperafarben
- ✓ Pinsel
- ✓ ein großes Blatt Zeichenpapier

So geht es

1. Die Modelliermasse oder das Plastilin wird gleichmäßig auf dem Metalltablett ausgerollt.
2. Die Kinder lassen die Kugeln oder Murmeln aus verschiedenen Höhen - aus einer Höhe von 30 cm, 60 cm usw. - auf die Modelliermasse fallen.
3. Lassen Sie unterschiedlich schwere Gegenstände aus verschiedenen Höhen fallen. Welche unterschiedlichen Muster ergeben sich daraus?
4. Der Vorgang wird so lange wiederholt, bis die Kinder ein Muster erzeugt haben, daß ihren Wünschen entspricht. Die Oberfläche der Modelliermasse wird nun aussehen wie die Mondoberfläche.
5. Füllen Sie in einige Krater Ihrer Mondlandschaft ein wenig Modelliermasse, um auf diese Weise kleine Berge entstehen zu lassen.
6. Die Kinder malen die Oberfläche der Modelliermasse mit einer oder mehreren Temperafarben an.
7. Legen Sie einen großen Bogen Zeichenpapier vorsichtig auf die bemalte Modelliermasse.
8. Mit Ihren Handflächen drücken und rubbeln die Kinder auf der Oberfläche des Papiers.
9. Wenn sie das Papier vorsichtig abziehen, haben sie einen Abdruck der Mondlandschaft.

   Hinweis: Die Modelliermasse kann unter dem Wasserhahn gereinigt werden, bis sie ganz sauber ist. Mit einem Handtuch abgetrocknet können Sie sie dann wieder benutzen.

Erklärung

Wenn man einen Ball oder eine Murmel auf die Modelliermasse fallen läßt, zieht die Schwerkraft den Gegenstand hinunter, in die Richtung des Erdmittelpunktes. Die Gegenstände, die wir auf die Modelliermasse fallen lassen, erzeugen Löcher, die wie die Krater auf dem Mond aussehen. Krater sind riesengroße Löcher, die entstanden sind, weil Meteoriten auf der Oberfläche des Mondes eingeschlagen sind. Sie sind rund und haben am Rand einen Wulst, der durch das Material, das durch den Aufprall hochgeschleudert wurde, entstanden ist.

Ballondekoration

Benötigtes Material

✓ aufgeblasene Luftballons
✓ durchgerissene, kleine Papierfetzen, Konfetti, Glitzerfolie, Spielgeld, Zucker, Salz
✓ Tablett oder Backblech

So geht es

1. Streuen Sie die o.g. Gegenstände auf das Papier, z.B. zerissenes Papier, Konfetti, Zucker, Spielgeld. Mit diesen Teilchen sollen die Kinder ihren Ballon schmücken.
2. Lassen Sie die Kinder den aufgeblasenen Ballon an ihrem Haar oder an ihrer Kleidung reiben. (Hinweis: Wollstoffe sind besonders gut geeignet.)
3. Sofort danach sollen sie den Ballon über das dekorierte Tablett halten.
4. Wenn sich die Kinder einen stärker dekorierten Ballon wünschen, können sie ihn direkt durch die Dekorationen rollen oder sie streuen die Dekorationen auf den Ballon.
5. Schmücken Sie weitere Ballons für ein buntes und luftiges Vergnügen.

Varianten

❖ Gestalten Sie eine Ballondekoration für eine Kindertischparty.
❖ Die Kinder können Ballons zu einem bestimmten Thema dekorieren:
   - Für ein Weltraumfest werden silberne und schwarze Ballons mit goldenen und silbernen Teilchen geschmückt.
   - Im Winter werden rote und grüne Ballons mit goldenem Glitter und Borten geschmückt. Bei Eis und Schnee können Sie hellblaue und weiße Ballons mit Zuckerkristallen und silbernen Spielmünzen schmücken.
   - Im Frühling können pastellfarbene Ballons mit Ostergras und bunten Eierschalenstückchen geschmückt werden.

Erklärung

Statische Elektrizität ist eine elektrische Ladung, die sich auf den Oberflächen von Materialien aufbaut, die keine Elektrizität leiten. Die elektrische Ladung wird durch Reibung verursacht. Wenn wir einen Luftballon an der Kleidung oder am Haar reiben, wird er mit Elektrizität aufgeladen und zieht kleine Papierstücke oder Zuckerkrümel an seine Oberfläche. Das Papier und der Zucker "springen" von dem Tablett und kleben durch die elektrische Ladung am Ballon.

Tanzende Hasen

Benötigtes Material

✓ zwei dicke Bücher
✓ Papier
✓ Schere
✓ eine Scheibe Plexiglas
✓ Flanell- oder Seidentuch
✓ Tisch

So geht es

1. Die beiden Bücher werden - mit einigen Zentimetern Abstand voneinander - auf den Tisch gelegt.
2. Auf die Bücher legen Sie eine Plexiglasscheibe.
3. Lassen Sie die Kinder mehrere Hasen oder andere Tiere auf Papier zeichnen und ausmalen. Anschließend schneiden sie die Tiere aus.
4. Die Hasen werden unter die Plexiglasscheibe gelegt.
5. Nun reiben sie die Plexiglasscheibe mit dem Tuch ab.
6. Die Kinder können jetzt betrachten, wie die Hasen tanzen.

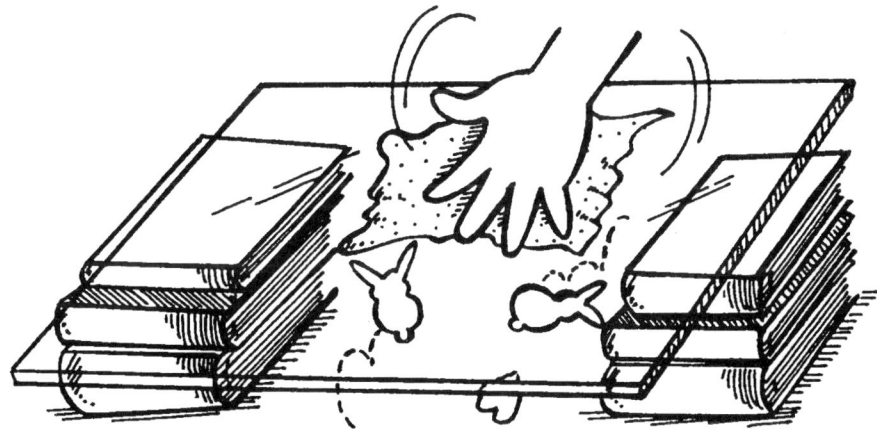

Varianten

❖ Legen Sie andere Materialien unter die Plexiglasscheibe (z.B. Ostergras, Konfetti, Glitzerfolie und kleine Stückchen Seidenpapier).

Erklärung

Durch die Reibung mit dem Flanell- oder Seidentuch auf der Plexiglasscheibe entsteht statische Elektrizität. Das Plexiglas wird positiv aufgeladen, das Papier unter der Plexiglasscheibe negativ. Die negativ aufgeladenen Papierhasen werden von der positiv geladenen Plexiglasscheibe angezogen. Die Papierhasen "springen hoch" und kleben an der Plexiglasscheibe.

Magnetzeichnung

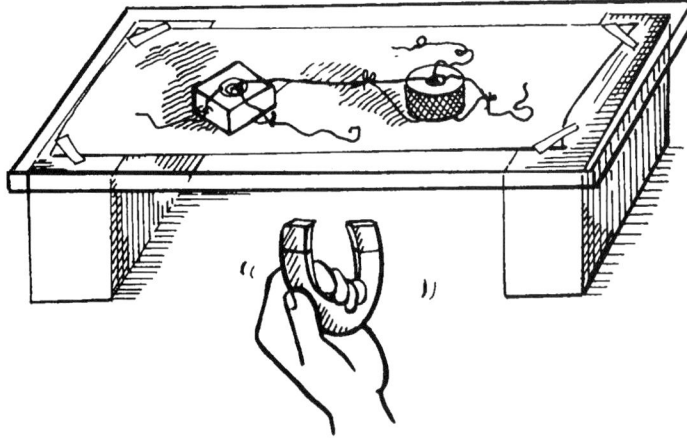

Benötigtes Material

✓ Klötze
✓ eine Scheibe Plexiglas (28 cm x 36 cm oder größer)
✓ starker Magnet
✓ Gegenstände aus Metall wie z.B.:
  Unterlegscheiben, Schraubenmuttern oder Schrauben
✓ Stickgarn oder -seide
✓ Temperafarbe
✓ Papier
✓ Klebeband

So geht es

1. Legen Sie eine Plexiglasscheibe über die beiden Klötze. Unter der Scheibe sollte so viel Platz sein, daß die Kinder ihre Hände frei bewegen können.
2. Legen Sie ein Blatt Papier auf die Plexiglasscheibe.
3. Die Kinder binden unterschiedlich lange Fäden aus Garn an die Unterlegscheiben und die Schraubenmuttern.
4. Jetzt werden die Metallgegenstände in die Farbe getaucht und auf das Papier gelegt.
5. Halten Sie einen Magneten gegen die Unterseite der Plexiglasscheibe und bewegen Sie ihn.
6. Mit dem Magneten, den Metallgegenständen und dem Garn, können Sie ein Gemälde auf das Papier malen.
7. Die Kinder nehmen die Metallgegenstände von dem Papier, tauchen sie wieder in die Farbe ein und führen das Experiment so lange fort, bis ihr Bild, vollständig ist.

Varianten

❖ Die Kinder können Farbkleckse auf das Papier geben und dann die Metallgegenstände mit dem Magneten durch die Farbe bewegen.
❖ Verwenden Sie statt der Temperafarbe Lebensmittel- oder Wasserfarbe.
❖ Stecken Sie einen Stift in eine Schraubenmutter und setzen Sie beides auf eine Unterlegscheibe, damit der Stift frei liegt. Der Stift, die Schraubenmutter und die Unterlegscheibe werden zusammengeklebt. Wenn die Kinder den Magneten unter der Plexiglasscheibe bewegen, können sie eine Magnetzeichnung herstellen.

Erklärung

Magnetismus ist eine Eigenschaft über die einige Metalle verfügen, z.B. Eisen oder Stahl. Ein Magnet ist ein Eisenstück, das andere Gegenstände aus Eisen anzieht. Unterlegscheiben, Schraubenmuttern oder Schrauben bestehen zum Teil aus Eisen und werden von dem Magneten angezogen. Die Kraft des Magneten kann andere Gegenstände, z.B. Plexiglas, durchdringen. Deshalb können wir mit dem Magneten unter der Plexiglasscheibe die Gegenstände auf der Plexiglasscheibe bewegen, die Metall enthalten.

Lustige Gesichter

Benötigtes Material

- ✓ Zeichenpapier
- ✓ wasserfeste Buntstifte
- ✓ Magnet
- ✓ Kartondeckel
- ✓ Klebeband
- ✓ Büroklammern

So geht es

1. In den Kartondeckel wird ein ovaler Umriß gezeichnet und ausgemalt. Das Oval soll einen Kopfumriß darstellen.
2. Lassen Sie die Kinder auf das Zeichenpapier verschiedene Gesichtsteile zeichnen und ausmalen: Augen, Nase, Mund und Haare. Diese Teile werden ausgeschnitten.
3. Auf die Rückseite jedes Gesichtsteils wird eine Büroklammer geklebt.
4. Die Gesichtsteile legen die Kinder mit den Büroklammern nach unten in den Kartondeckel.
5. Jetzt halten sie einen Magneten unter den Deckel und bewegen die verschiedenen Gesichtsteile so, daß ein vollständiges Gesicht entsteht.

Varianten

- ❖ Die Kinder können noch weitere Gesichtsteile hinzufügen, z.B. Ohren, einen Hut, einen Schnurrbart, eine Krone, eine Haarschleife oder eine Brille.
- ❖ Malen Sie z.B. den Kopf eines Clownes, eines Monsters, eines Astronauten oder eines Artisten in den Kartondeckel.
- ❖ Statt eines Kopfes können die Kinder z.B. einen Korb mit Früchten, eine Bank mit Geld oder einen Garten mit Blumen in den Deckel malen.

Erklärung

Magnetismus ist eine Kraft, die bestimmte Gegenstände anzieht oder abstößt. Gegenstände, die Eisen enthalten, wie z.B. Büroklammern, werden von Magneten angezogen. Wenn wir an die ausgeschnittenen Papierfiguren eine Büroklammer kleben, lassen sie sich mit dem Magneten durch den Kartondeckel bewegen, denn die Kraft des Magneten ist stark genug, um durch die dünne Pappe zu dringen.

Magnetismus

Metallmuster

Benötigtes Material
✓ feine Stahlwolle
✓ Magnet
✓ festes Papier oder dünne Pappe
✓ eine alte Schere
✓ farbloses Klarlackspray

◆ die Hilfe eines Erwachsenen

So geht es
1. Ein Erwachsener schneidet mit der Schere die Stahlwolle in winzige Stücke.
2. Der Magnet wird auf den Tisch gelegt, und auf den Magneten wird ein Blatt Papier gelegt.
3. Lassen Sie die Kinder Stahlwollstückchen auf das Papier sprenkeln und dabei beobachten, wie sie ein Muster bilden.
4. Die Kinder bewegen das Papier so lange über dem Magneten, bis sie ihr "Wunschmuster" hergestellt haben. Sie können auch den Magneten bewegen, um verschiedene Muster zu gestalten.
5. Zum Schluß wird das Muster mit farblosem Klarlack besprüht. Der Magnet darf aber dabei nicht bewegt werden. Wenn das Stahlwollmuster getrocknet ist, können Sie das Papier mit dem Muster von dem Magneten herunternehmen.

Varianten
❖ Benutzen Sie zwei Stabmagneten. Die Kinder können die Pole so halten, daß sie sich anziehen oder abstoßen und auf diese Weise verschiedene Muster erzeugen.
❖ Halten Sie Metallgegenstände unter das Papier in die Nähe des Magneten. Wenn die Metallgegenstände magnetisiert werden, wird das Metallmuster noch eindrucksvoller.
❖ Wenn die Metallzeichnung getrocknet ist, können die Kinder das Papier mit Wasserfarben bemalen oder das Metallmuster als Grundlage für eine Collage benutzen.

Erklärung

Magnetismus ist die Fähigkeit von Eisen, Stahl und einigen anderen Metallen, Gegenstände aus Eisen oder Metall anzuziehen oder abzustoßen. Das Metallmuster, das aus den winzigen Stahlwollstückchen gebildet wird, zeigt die Kraftfelder rund um den Magneten.

Magnetbühne

Benötigtes Material

- ✓ Bastelpapier
- ✓ bunte, wasserfeste Stifte
- ✓ Büroklammern
- ✓ Schere
- ✓ Klebstoff
- ✓ Magneten
- ✓ Schuhkarton

So geht es

1. Die Kinder können verschiedene Spielfiguren auf das Bastelpapier malen und ausschneiden.
2. Auf das Bastelpapier werden kleine Kreise gemalt und ausgeschnitten. Die Kreise sollen am Fußende jeder Spielfigur befestigt werden.
3. Unter die Kreise werden Büroklammern geklebt. Nun sind die Figuren spielfertig.
4. Der Schuhkarton wird zur Bühne, wenn Sie ihn auf eine seiner langen Seiten legen (s. Abbildung).
5. Stellen Sie die Spielfiguren auf den Schuhkarton.
6. Die Kinder können nun Figuren auf der Kartonbühne hin- und herbewegen, indem sie unter der Bühne einen Magneten benutzen.
7. Wenn sich die Kinder eine Geschichte ausdenken, können Sie sie mit Hilfe der Papierfiguren vorspielen.

Varianten

- ❖ Die Kinder können ihre Lieblingsgeschichte oder ihr Lieblingsmärchen mit den Spielfiguren vorspielen.
- ❖ Inszenieren Sie ein Musical auf der Magnetbühne.

Erklärung

Magnetismus ist eine Kraft, die bestimmte Gegenstände anzieht oder abstößt. Die Kraft des Magneten ist so stark, daß sie durch die Pappe hindurch wirkt. Gegenstände, die Eisen enthalten, wie z.B. Büroklammern, werden von dem Magneten angezogen. Wenn man an die ausgeschnittenen Papierfiguren Büroklammern klebt, zieht der Magnet die Figuren an und wir können sie mit dem Magneten - durch die Pappe des Schuhkartons hindurch - bewegen.

Magnetische Reibung

Benötigtes Material

✓ Eisenspäne
✓ festes, weißes Papier
✓ Stabmagneten
✓ andere Magneten
✓ Buntstiftminen

So geht es

1. Ein Stabmagnet wird unter das Papier gelegt.
2. Streuen Sie Eisenspäne auf das Papier. Die Eisenspäne bilden durch die Anziehungskraft des Magneten ein Muster auf dem Papier.
3. Legen Sie ein zweites Blatt Papier auf das Eisenspanmuster.
4. Die Kinder legen die Buntstiftmine auf das Papier und rollen die Mine vor- und zurück. Auf diese Weise wird das Eisenspanmuster auf dem Papier aufgezeichnet.
5. Entfernen Sie die Eisenspäne und den Magneten.

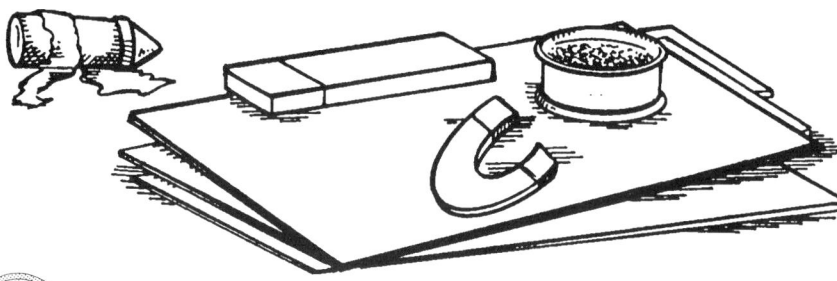

Varianten

❖ Legen Sie zwei Magneten so hin, daß sich die gleichen Pole gegenüberliegen (der Nordpol liegt dem Nordpol, der Südpol dem Südpol gegenüber). Die Kinder können das Muster, das sich bildet, mit Buntstiftminen abpausen.
❖ Legen Sie zwei Stabmagneten so hin, daß sich ihre Gegenpole gegenüberliegen (der Nordpol liegt dem Südpol, der Südpol dem Nordpol gegenüber). Auch dieses Magnetmuster wird mit Buntstiftminen abgepaust.
❖ Eisenspäne werden auf weißes Papier gestreut. Die Kinder bewegen den Magneten unter dem Papier und versuchen, verschiedene Muster zu gestalten.

Erklärung

Das Muster, das die Eisenspäne bilden, zeigt die Kraftlinien des Magneten an. Ein Magnet hat zwei Enden, die Pole genannt werden. Das eine Ende, der Nordpol, wird von dem anderen Ende, dem Südpol, angezogen. Die Kraftlinien des Magneten kann man zwischen den beiden Polen sehen, wenn man die Eisenspäne auf das Papier sprenkelt, unter dem ein Magnet ist. Wenn man die gleichen Pole eines Magneten einander gegenüberstellt, stoßen sie sich ab. Durch das Anziehen und Abstoßen der Magneten bilden die Eisenspäne Muster, die wir mit Buntstiften abpausen können.

Kapitel 4
Ursache
und Wirkung

Kerzenbilder

Adhäsion/Kohäsion

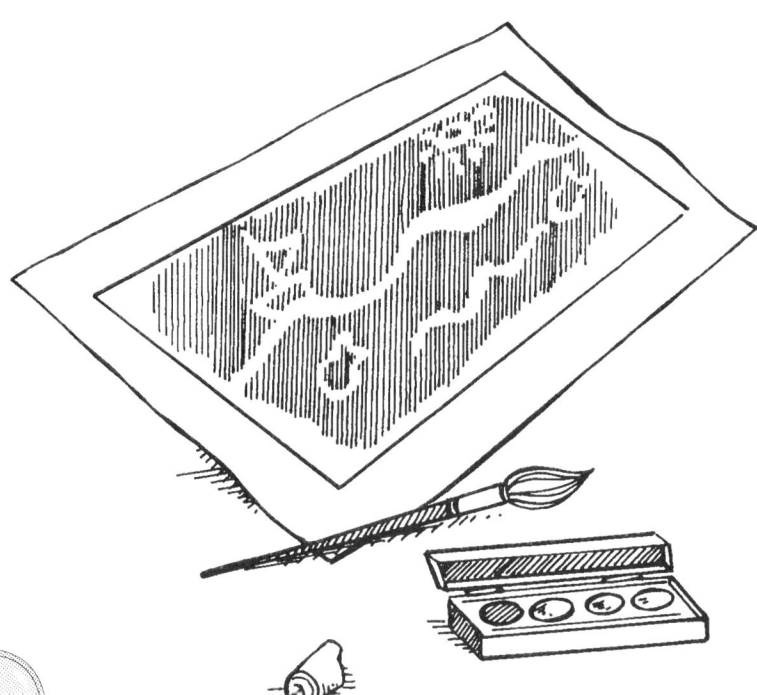

Benötigtes Material

✓ alte Kerzen
✓ weißes Zeichenpapier
✓ Wasserfarbe
✓ Pinsel
✓ Zeitungen

So geht es

1. Der Tisch wird mit Zeitungen abgedeckt.
2. Die Kinder bemalen mit der Kerze das weiße Papier und drücken dabei fest auf.
3. Mit den Wasserfarben wird über die Kerzenmarkierungen gemalt.

Varianten

❖ Das Papier wird mit Buntstiften bemalt. Die Buntstiftzeichnung wird anschließend mit verwässerter Temperafarbe übermalt (schwarz oder dunkelviolett).
❖ Die Kinder malen mit hellen Buntstiften auf ein Blatt Papier. Die Farben sollen dabei möglichst dick aufgetragen und der Papierbogen vollständig ausgemalt werden. Die Buntstiftzeichnung wird nun mit dickflüssiger, schwarzer Temperafarbe übermalt. Wenn das Bild getrocknet ist, können die Kinder mit einer Schere oder einer Büroklammer ein Muster in die schwarze Farbe ritzen.

Erklärung

Die Wasserfarben können an den Stellen in das Papier einziehen und festhaften, auf denen kein Wachs ist. Die Wasserfarben können durch die Anziehungskraft der Papiermoleküle in das Papier einziehen. Den Vorgang, daß Moleküle eines Stoffes die Moleküle eines anderen Stoffes anziehen, nennen wir Adhäsion. Bei den Stellen auf dem Papier, auf denen sich Wachs befindet, dringt das Wasser aber nicht in das Kerzenwachs ein. Die Wachsmoleküle, werden durch eine Kraft zusammengehalten, die Kohäsion genannt wird. Kohäsion ist die Anziehungskraft, die die Moleküle einer Substanz zusammenhält. Die Anziehungskraft zwischen den Wachsmolekülen ist stärker als die Adhäsionskraft zwischen den Wachs- und den Wassermolekülen. Deshalb können die Wasserfarben in das Papier, aber nicht in das Kerzenwachs einziehen.

Weißer Widerstand

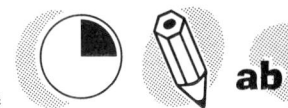

Benötigtes Material

✓ weißer Wachsmalstift
✓ Tassen mit verdünnter Temperafarbe
✓ Pinsel
✓ weißes Papier
✓ Zeitungen, um den Tisch abzudecken

So geht es

1. Die Kinder malen mit einem weißen Wachsmalstift ein Bild auf weißes Papier.
2. Das Bild mit wird mit verdünnter Temperafarbe übermalt und anschließend lassen sie es trocknen.

Varianten

❖ Die Kinder können mit verschiedenfarbigen Wachsmalstiften malen.
❖ Vergleichen Sie Bilder, die die Kinder mit schwarzer Farbe übermalt haben, mit Bildern, die mit gelber Farbe übermalt worden sind.

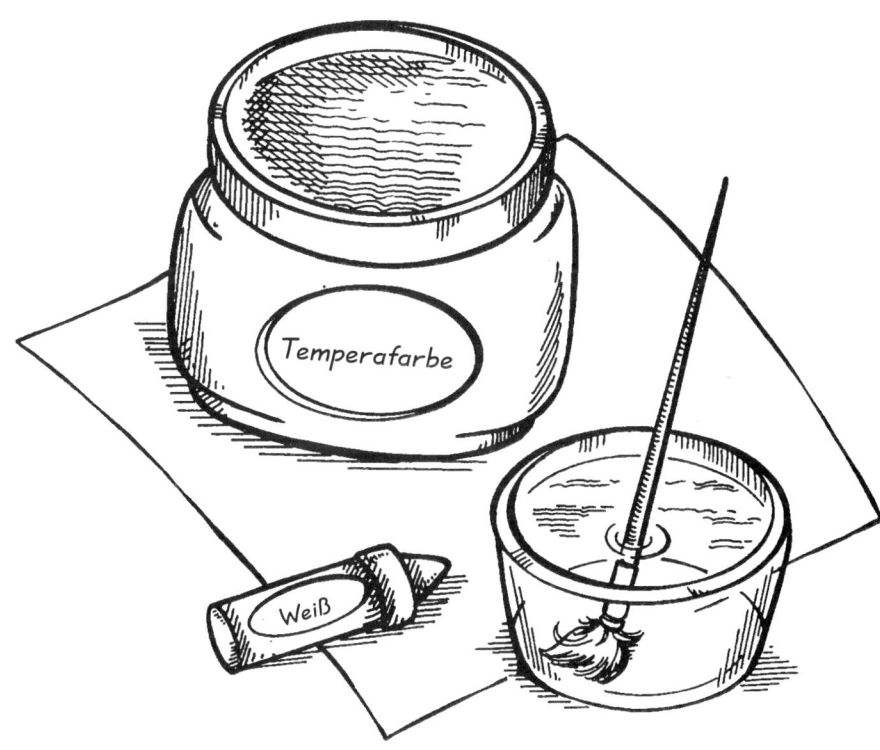

Erklärung

Die dünne Temperafarbe wird auf dem Papier festhaften und in das Papier einziehen, aber nicht an den Stellen, an denen es mit dem Wachs der Buntstifte bedeckt ist. Die Temperafarbe wird durch die Adhäsionskraft der Papiermoleküle angezogen. An den Stellen, an denen sich das Wachs der Stifte auf dem Papier befindet, kann die Temperafarbe aber nicht in das Papier eindringen. Die Kohäsionskraft, die die Wachsmoleküle zusammenhält, ist stärker als die Adhäsionskraft zwischen den Papier- und den Farbmolekülen.

Unvermischbares

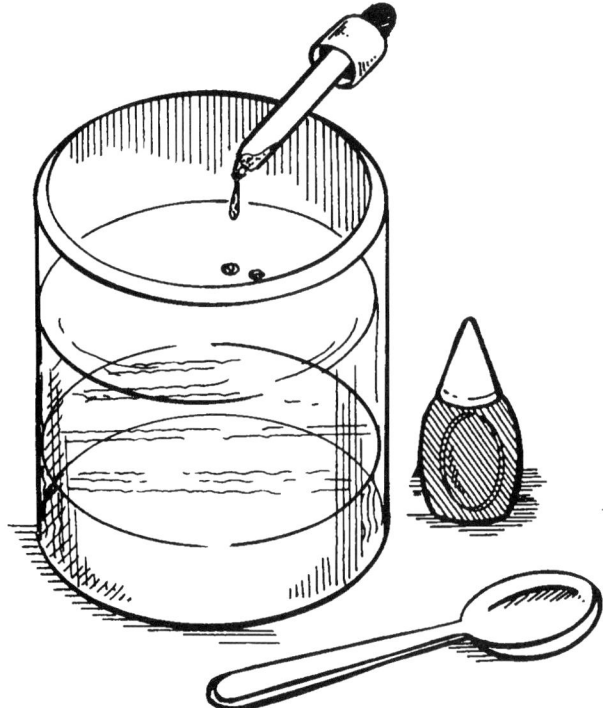

Benötigtes Material

✓ Wasser
✓ Speiseöl
✓ Lebensmittelfarbe
✓ durchsichtiger Topf oder ähnlicher Behälter
✓ Pipette
✓ Löffel

So geht es

1. Der Topf wird mit ein wenig Wasser gefüllt.
2. Die Kinder fügen Speiseöl hinzu und betrachten, wie sich Wasser und Öl in zwei Schichten teilen.
3. Die Kinder rühren die beiden Schichten um und versuchen, sie zu vermischen. Danach lassen sie den Topf ruhig stehen.
4. Geben Sie nun mit der Pipette vorsichtig ein bis zwei Tropfen Lebensmittelfarbe in das Speiseöl. Die Farbe wird kleine Kugeln bilden, weil Lebensmittelfarbe und Öl unvermischbar sind.
5. Mit einem Löffel drücken die Kinder die Farbkügelchen in die Wasserschicht und können beobachten, wie aus den Farbkügelchen Farbwolken werden.

Varianten

❖ Die Kinder versuchen mit verschiedenen Küchengeräten (Schneebesen, Gabeln u.a.) die Farbkügelchen zu zerstören.
❖ Sie tauchen einen Pinsel in die Farbkügelchen und versuchen, auf Papier zu malen.

Erklärung

Öl und Wasser sind unauflöslich, das bedeutet, daß sie nicht miteinander vermischt werden können. Öl und Wasser bleiben voneinander getrennt, auch wenn man sie schüttelt, durchrührt oder vermischt. Lebensmittelfarbe besteht zu einem großen Teil aus Wasser und kann sich deshalb nicht mit Öl vermischen. Wenn die Lebensmittelfarbe durch das Öl in das Wasser gestupst wird, verstreut sie sich im Wasser und bildet eine Farbwolke.

Farbige Streifen

   **ab 9**

Benötigtes Material

- ✓ Stange
- ✓ 2 Stapel Bauklötze
- ✓ Klebeband
- ✓ Tinte oder Lebensmittelfarbe
- ✓ Behälter
- ✓ Büroklammern
- ✓ absorbierendes Papier
- ✓ Pipette

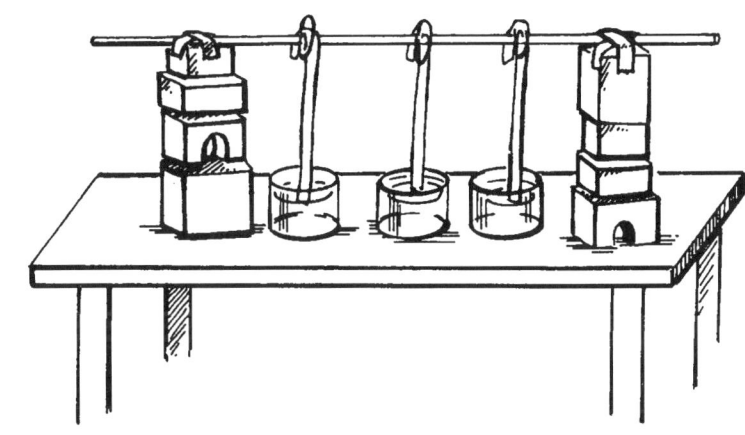

So geht es

1. Die Kinder bauen mit den Bauklötzen zwei Türme in gleicher Höhe. Der Stab wird auf den Türmen so festgeklebt, wie es die obenstehende Abbildung zeigt.
2. In verschiedenen Behältern wird Wasser mit Tinte gemischt. Sie können auch zwei oder mehrere Lebensmittelfarben verwenden.
3. Die Kinder schneiden das absorbierende Papier in Streifen und befestigen sie mit Büroklammern an der Stange. Die Streifen sollen so aufgehängt werden, daß ihre Enden knapp die Wasseroberfläche in den Behältern berühren.
4. Nun wird ein Farbtropfen auf das untere Ende eines jeden Streifens geträufelt.
5. Die Streifenenden werden in die Wasserbehälter getaucht. Die Farben auf den Streifen wandern nun nach oben und teilen sich in verschiedene Farbschichten auf.

Varianten

- ❖ Die Kinder können auch einen Farbklecks in die Mitte eines Kaffeefilters tupfen und beobachten, wie sich die Farben aufteilen.
- ❖ Feuchten Sie ein Papierhandtuch an. Die Kinder lassen einen Farbklecks auf das nasse Handtuch tropfen und beobachten, wie sich die Farben aufteilen.
- ❖ Benutzen Sie verschiedene Wasserfarben, Filzstifte und Temperafarben.
- ❖ Die Kinder können die bunten Streifen zum Weben, als Kette oder für andere Kunstprojekte benutzen.

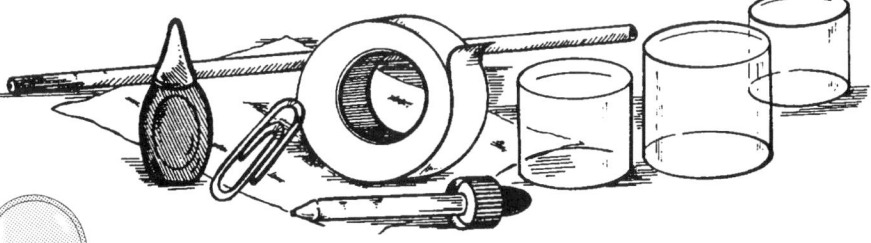

Erklärung

Wenn eine Mischung aus löslichen Substanzen getrennt wird, nennen wir diesen Vorgang Chromatographie. Die Papierstreifen absorbieren das gefärbte Wasser aus den Behältern. Die Farbpigmente wandern auf den absorbierenden Papierstreifen hoch und zerteilen sich. Die verschiedenen Farbpigmente in jedem Becher wandern in verschiedenen Geschwindigkeiten und teilen sich in verschiedene Farbstränge. Die Pigmente, die sich schnell trennen, laufen das Papier am schnellsten und am höchsten entlang. Die Pigmente, die sich langsam trennen, wandern nur ein kurzes Stück und brauchen dafür sehr viel Zeit. Einige Tinten- und Lebensmittelfarben enthalten eine große Anzahl von Pigmenten. Wenn sie sich auf dem Papierstreifenm zerteilen, bilden sie sehr viele Farbstränge. Andere Tinten- und Lebensmittelfarben enthalten sehr wenige Pigmente und werden nur einen getrennten Farbstrang auf dem Papierstreifen ausbilden.

Durchbrechende Farben

ab 8

Löslichkeit/Emulsion

Benötigtes Material

✓ Kuchenform mit hohen Wänden
✓ Milch
✓ Lebensmittelfarbe
✓ flüssiges Geschirrspülmittel

So geht es

1. Der Boden der Kuchenform wird mit Milch bedeckt.
2. Die Kinder träufeln verschiedene Lebensmittelfarben in die Milch.
3. In die Mitte der größten Farbtropfen träufeln die Kinder ein paar Tropfen Spülmittel.
4. Die Kinder beobachten, wie sich die Farben verändern.
5. Träufeln Sie weitere Lebensmittelfarbe und Geschirrspülmittel in die Mitte der Kuchenform.
5. Wenn das Experiment abgeschlossen ist, sollen die Kinder die Kuchenform mit warmen Wasser abwaschen.

Varianten

❖ Verwenden Sie Eiswürfelbehälter statt der Kuchenform. Dabei lassen Sie verschiedene Mischungen mit Lebensmittelfarbe ausprobieren, um herauszufinden, welche neuen Farben sich jeweils ergeben.
❖ Sie können dieses Experiment auch mit einer durchsichtigen Auflaufform machen. Die Kinder sollten dabei jeweils so vorgehen, daß ein Kind die Auflaufform in Augenhöhe des anderen hält. So können sie vom Boden der Auflaufform aus das Hervorbrechen der Farben beobachten.

Erklärung

Milch enthält Wasser und Fett. Diese zwei Substanzen vermischen sich nicht. Obwohl die Milch wie eine einzige Substanz aussieht, ist sie tatsächlich in Wasser und Fett getrennt. Zwei Flüssigkeiten, die sich nicht mischen, werden Emulsion genannt. Geschirrspülmittel ist eine Substanz, die Wasser und Fett mischt. Wenn wir Spülmittel in die Milch träufeln, verbindet sich ein Spülmittelmolekül mit dem Fett der Milch, das andere Ende des Spülmittelmoleküls mit dem Wasser. Durch diese Verbindung entsteht ein kochender Effekt und das Hervorbrechen der Farben.

Der Vulkan

Benötigtes Material

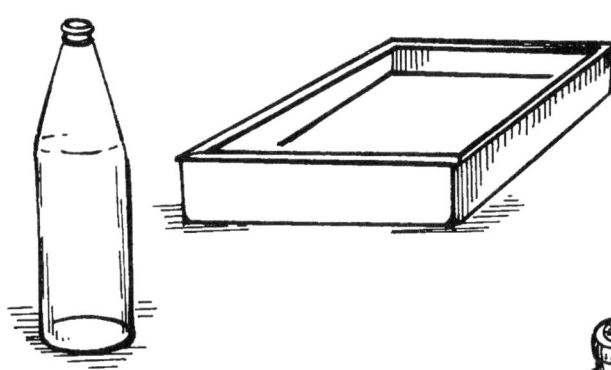

✓ Plastikflasche
✓ Kuchenform
✓ nasse Erde
✓ 1 Teelöffel (15 ml) Backpulver
✓ 1 Tasse (250 ml) Weinessig
✓ rote Lebensmittelfarbe
✓ eine Wiese

So geht es

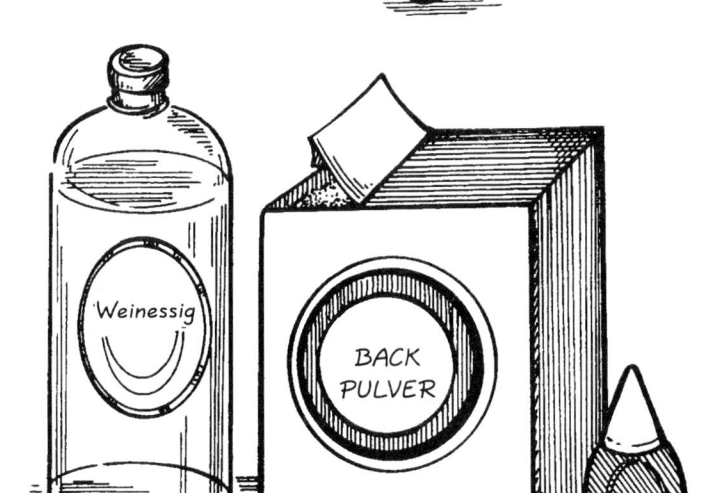

1. Die Kuchenform wird auf die Wiese gestellt. Setzen Sie die Plastikflasche in die Mitte der Kuchenform.
2. Die Kinder bauen die nasse Erde um die Sodaflasche herum in der Form eines Berges auf. Die Erde soll sich nach oben, zur Flaschenöffnung hin, verjüngen, es darf aber keine Erde in die Flasche gelangen (siehe untenstehende Abbildung).
3. Geben Sie einen Teelöffel Backpulver in die Flasche.
4. Die Kinder färben den Weinessig mit roter Lebensmittelfarbe.
5. Der Weinessig wird in die Flasche gefüllt. Die Kinder sollten sich dann etwas von der Flasche entfernen, um zu beobachten, wie der rote Schaum aus dem Flaschenhals sprüht und den Berg hinunterläuft. Der Schaum sieht aus wie die Lavamasse, die aus einem Vulkan ausströmt.

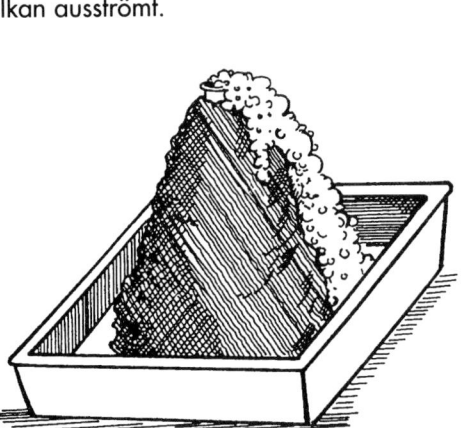

Erklärung

Backpulver und Weinessig reagieren miteinander und produzieren Carbondioxidgas. Das Gas erzeugt so viel Druck, daß die schäumende Substanz aus dem Flaschenhals gedrückt wird.

Kristallmuster

Kristalle

Benötigtes Material

✓ Pfeifenreiniger
✓ durchsichtige Tasse
✓ 1/2 Tasse (125 ml) heißes Wasser
✓ 1/3 Tasse (80 ml) Salz
✓ Löffel
✓ Bleistift
✓ Schnur

So geht es

1. Die Kinder können dem Pfeifenreiniger eine beliebige Form geben.
2. Eine halbe Tasse heißes Wasser wird in die durchsichtige Tasse gegeben.
3. Geben Sie löffelweise die 80 ml Salz in die Tasse. Rühren Sie nach jedem Löffel um, damit sich das Salz schneller auflöst. Geben Sie so lange Salz in die Tasse, bis es sich nicht mehr im Wasser auflösen kann.
4. Ein Ende des Pfeifenreinigers wird um die Mitte eines Bleistiftes gebunden.
5. Die Kinder legen den Bleistift über den Tassenrand und prüfen, ob der Pfeifenreiniger tief genug im Wasser hängt.
6. Stellen Sie die Tasse an einen ruhigen Ort.
7. Nach ein paar Stunden bilden sich Kristallkrusten auf dem Pfeifenreiniger.
8. Die Kinder können nun jeden Tag beobachten, wie sich die Kristalle verändern. Wenn der Großteil der Flüssigkeit aus der Tasse verdunstet ist, nehmen sie den Pfeifenreiniger aus der Tasse und lösen ihn von dem Bleistift ab.
9. Binden Sie an ein Ende des Pfeifenreinigers eine Schnur und hängen Sie ihn so auf, daß die Kinder ihn gut sehen können.

Varianten

❖ Fügen Sie im zweiten Arbeitsschritt (s.o.) auch Lebensmittelfarbe in die Tasse.
❖ Basteln Sie ein Pfeifenreinigermobile und wiederholen Sie das Experiment.

Erklärung

Salz und auch Zucker bilden Kristalle. Kristalle sind feste Körper mit einer glatten Oberfläche und einer stets gleichbleibenden Anordnung ihrer Moleküle. Es gibt viele verschiedene Kristallformen: Kochsalz tritt z.B. fast immer als Würfelform auf und wenn wir Zucker unter einer Lupe betrachten, erkennen wir, daß es aus vielen kleinen Flächen mit glatten Seitenflächen besteht. Wenn wir Salz in heißem Wasser auflösen, werden die Salzmoleküle auseinandergesprengt. Verdunstet das Wasser, so schließen sich die Salzmoleküle zu einem regelmäßigen Muster zusammen und bilden wiederum ein Kristall.

Kristallbild

Benötigtes Material

- ✓ einen Gefrierschrank oder eine Nacht unter 0°C
- ✓ Wasser
- ✓ Wasserfarben und Pinsel
- ✓ Plastikscheibe
- ✓ Backblech
- ✓ weißes Zeichenpapier

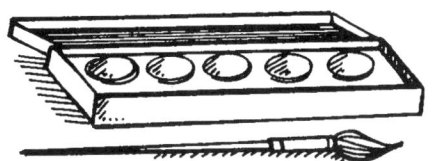

So geht es

1. Das weiße Zeichenpapier wird mit klarem Wasser bepinselt.
2. Die Kinder bemalen das nasse Papier mit Wasserfarben und lassen dabei die Farben ineinanderlaufen.
3. Sofort danach wird die nasse Zeichnung mit der Plastikscheibe bedeckt und alles zusammen auf ein Backblech gelegt.
4. Stellen Sie die Zeichnung über Nacht zum Frieren nach draußen oder in den Gefrierschrank.
5. Die Kinder können am nächsten Tag die Plastikscheibe von der gefrorenen Zeichnung abziehen und das Kristallmuster betrachten.

Varianten

- ❖ Die Kinder können das Bild auch mit einem zweiten feuchten Bild statt mit einer Plastikscheibe bedecken. Mit den Händen werden die beiden Bilder glattgestrichen und dann eingefroren. Wenn die Bilder aufgetaut sind, können sie sie voneinander abziehen. So hat jedes Kind zwei gefrorene Bilder.

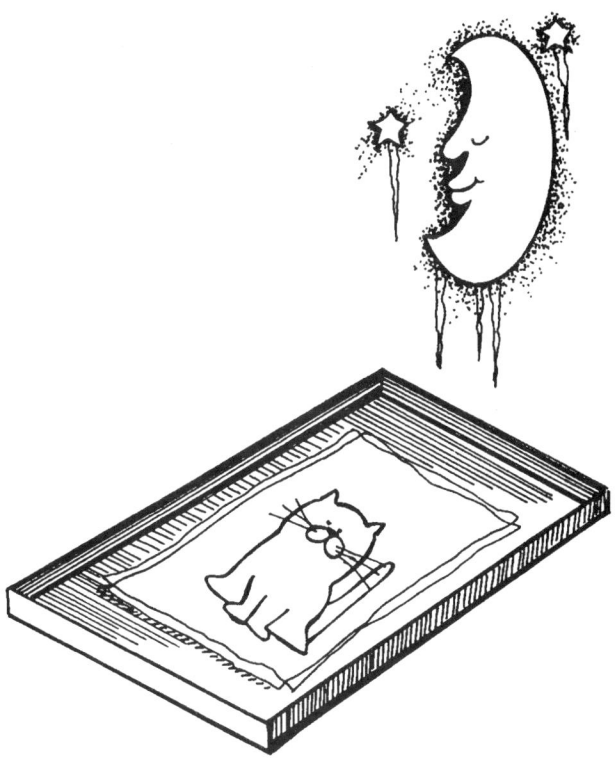

Erklärung

Zuerst zerstreuen sich die Wasserfarben in dem Wasser auf dem nassen Papier und laufen deshalb ineinander. Wenn das Papier in den Gefrierschrank gelegt wird, bewegen sich die Wassermoleküle langsamer und aus der Flüssigkeit wird ein Festkörper. Gefrieren ist das Gegenteil von Schmelzen und meint die Umwandlung von einer Flüssigkeit in einen festen Körper durch Kühlung. Wasser gefriert, wenn der Gefrierpunkt des Wassers erreicht ist, der bei 0° Celsius liegt. Die Wassermoleküle schließen sich zu einem regelmäßigen Muster zusammen und bilden Eiskristalle.

Kristalline Seifenblasen

ab 6

gefrieren/Kristalle

Benötigtes Material

✓ 3-4 Teelöffel (45-60 ml) Seifenflocken
✓ 1 l heißes Wasser
✓ ein Stück Draht

So geht es

1. Vermischen Sie die Seifenflocken mit dem heißen Wasser. Lassen Sie die Mischung einige Tage stehen, und Sie haben eine gebrauchsfertige Lösung für extra starke Seifenblasen.
2. Für die Herstellung der Seifenblasen biegen die Kinder den Draht in eine beliebige Form. Achten Sie aber darauf, daß die Form geschlossen ist.
3. Gehen Sie an einem sehr kalten, windstillen Tag (0°C oder kälter) mit den Kindern nach draußen.
4. Lassen Sie die Kinder die Drahtform in die Seifenlösung tauchen und behutsam eine große Blase pusten. Die Seifenblase sollte nicht wegfliegen.
5. Die Seifenblase gefriert nun langsam und auf ihrer Oberfläche bilden sich winzige Kristalle. Nach einiger Zeit wird die Seifenblase vollständig gefrieren und wie ein Kristallball aussehen.

Varianten

❖ Für die Drahtformen eignen sich besonders die bunten Drähte von ausrangierten Telefonkabeln.
❖ Die Kinder können auch mit anderen Gegenständen Seifenblasen herstellen, z.B. mit einer Fliegenklatsche oder einem durchlöcherten Plastiklöffel.

Erklärung

Seifenlösung ist bei normaler Raumtemperatur eine Flüssigkeit. Wenn sie ausreichend abkühlt oder friert, wird sie zu einem Festkörper. Unter bestimmten Bedingungen formen sich, wenn die Seifenblase gefriert, Kristalle.

Kristallnadeln

  **ab 7**

Benötigtes Material

✓ schwarzes Papier
✓ Schere
✓ ein Deckel von einem großen Gefäß
✓ 1 Tasse (250 ml) Wasser
✓ 4 Teelöffel (60 ml) Epsomer Bittersalz

So geht es

1. Die Kinder schneiden aus dem schwarzen Papier einen Kreis aus, der so groß ist, daß er die Deckelinnenseite bedeckt.
2. Der Kreis wird in den Deckel gelegt.
3. Füllen Sie den Meßbecher mit einer Tasse Wasser.
4. Geben Sie vier Teelöffel Epsomer Bittersalz in das Wasser und rühren Sie alles um.
5. Das Salzwasser wird in den Deckel gefüllt.
6. Lassen Sie die Mischung einen Tag in dem Deckel stehen. Die Kinder können dann beobachten, wie sich nadelförmige Kristalle auf dem schwarzen Papier bilden.

Erklärung

Epsomer Bittersalzmoleküle schließen sich in regelmäßigen Mustern zusammen. Während das Wasser verdunstet, bilden sie nadelförmige Kristalle aus. Die Nadelform der Kristalle ist durch die Form der Salzmoleküle bestimmt. Deshalb haben Tafelsalz und Epsomer Bittersalz nicht die gleichen Kristallformen.

Kristalline Tinte

Benötigtes Material

✓ 3 Teelöffel (15 ml) Salz
✓ 1/4 Tasse (60 ml) Wasser
✓ warmer Ofen (75° C)
✓ Pinsel
✓ 1 Blatt schwarzes Papier

So geht es

1. Rühren Sie drei Teelöffel Salz in das Wasser (60 ml) ein.
2. Lassen Sie die Kinder mit der Salzlösung ein Muster oder eine Nachricht auf das schwarze Papier malen. Sie sollten die Salzlösung immer wieder umrühren, wenn sie den Pinsel eintauchen.
3. Legen Sie das Papier in den vorgewärmten Ofen. Warten Sie, bis das Muster getrocknet ist.
4. Nehmen Sie das trockene Muster aus dem Ofen. Die Kinder können das Muster oder ihre Nachricht nun in der Form von weißen, glänzenden Kristallen sehen.

Erklärung

Wenn Salzwasser verdunstet, wird das Wasser zu einem Gas (bzw. zu Wasserdampf), das in die Luft entweicht. Trockene Salzkristalle bleiben auf dem Papier zurück, denn das Salz verdunstet nicht. Wenn wir das Papier in einem warmen Ofen erhitzen, beschleunigt sich der Verdunstungsprozeß.

Plastikmilch

Kasein

Benötigtes Material

- ✓ 0,3 l Milch
- ✓ Kochtopf, Kochplatte
- ✓ Löffel
- ✓ 1 Teelöffel (15 ml) Weinessig
- ✓ einen Stoffrest Musselin
- ✓ Behälter
- ✓ Gummiband
- ✓ Ausstechform
- ✓ Temperafarbe

- ◆ die Hilfe eines Erwachsenen

So geht es

1. Wärmen Sie in einem Kochtopf 0,3 Liter Milch bei leichter Hitze an (die Milch darf nicht kochen). Dieser Schritt sollte nicht von den Kindern gemacht werden.
2. Fügen Sie einen Teelöffel (15 ml) Weinessig hinzu und rühren Sie so lange um, bis sich in der Milch weiße Flocken bilden. Diese Flocken werden Kasein genannt.
3. Die Kinder können ein Musselinblatt über die Behälteröffnung legen und mit einem Gummiband am Gefäßrand festmachen.
4. Filtern Sie die Milch durch den Musselin in den Behälter, bis nur noch die rubbelige Kaseinmasse übrig ist.
5. Sie können das Kasein in eine Form (z.B. eine Plätzchenform) füllen oder mit den Händen formen.
6. Lassen Sie das Ganze ein paar Tage stehen, bis das Kasein getrocknet und hart ist.
7. Die Kinder können die Plastikmilch mit Farbe bemalen.

Varianten

- ❖ Wenn die Kinder aus Kasein eine Anstecknadel basteln wollen, sollen sie auf die Rückseite der noch warmen Kaseinform eine Sicherheitsnadel anbringen. Wenn das Kasein hart ist, können sie es anmalen.
- ❖ Die Kinder können eine Halskette oder einen Anhänger aus Kasein basteln, indem sie eine Drahtschlaufe oder Büroklammer in das noch warme Kasein stecken. Das gehärtete Kasein wird dann angemalt. Zum Schluß wird ein Band oder eine Kordel durch die Drahtschlaufe oder die Büroklammer gezogen.

Erklärung

Milch enthält ein Protein, das Kasein genannt wird. Käse, der aus Milch hergestellt wird, besteht hauptsächlich aus Kasein. Kasein wird außerdem für die Herstellung von Plastik, Leim und Farbe verwendet. Wenn man Weinessig mit Milch erwärmt, trennt sich das Kasein von den anderen Substanzen in der Milch. Es wird zu einer formbaren Substanz, die ganz ähnliche Eigenschaften hat wie das Plastik.

Mausespeckturm

Benötigtes Material

✓ eine Packung Zahnstocher
✓ ein kleines Stück alten Mausespeck

So geht es

1. Ein Zahnstocher wird in einen alten Mausespeck gepiekst.
2. Ein zweites Stück Speck wird auf das freie Ende des Zahnstochers gestochen.
3. Einen weiteren Zahnstocher, einen weiteren Mausespeck usw. hinzufügen.
4. Die Kinder sollen so lange weiterbauen, bis der Turm allein stehen kann.

Varianten

❖ Sie können Kügelchen aus Modelliermasse anstelle des Mausespecks benutzen.
❖ Bauen Sie eine Mausespeckbrücke zwischen zwei Stühle, die einen Meter voneinander entfernt stehen.
❖ Sie können die Zahnstocher mit Leim anstelle des Mäusespecks verbinden. Das gibt dem Bauwerk stärkeren Halt.
❖ Die Kinder können nur zehn Mausespeck und fünfzehn Zahnstocher und danach fünfzehn Mausespeck und zehn Zahnstocher benutzen. Sie sollen ausprobieren, welches Bauwerk besser hält.
❖ Die gleichen Bauwerke werden aus Trinkhalmen und Klebefolie oder aus Zeitungsrollen und Klebefolie gebaut.
❖ Für farbige Bauwerke können Sie weißen Mini-Mausespeck in Lebensmittelfarben und Wasser tauchen oder bunten Mini-Mausespeck mit Fruchtgeschmack benutzen.

Erklärung

Viele Brücken und Türme sind aus dreieckigen Formen gebaut. Eine ausgedehnte Basis und ein schmales oberes Ende führen zu einer stabilen Struktur, weil die Schwerkraft alle Gegenstände nach unten, zum Erdmittelpunkt zieht.

Mit Bohnen bauen

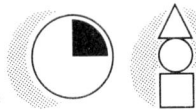 **ab 6**

Benötigtes Material

✓ große, trockene Bohnen
✓ eine Schüssel mit Wasser
✓ ein Sieb
✓ hölzerne Zahnstocher

So geht es

1. Lassen Sie die Bohnen über Nacht in der Wasserschüssel ziehen.
2. Das Wasser wird von den Bohnen abgeseit.
3. Die Kinder sollen einen Zahnstocher in eine Bohne stechen.
4. Um eine "Struktur" herzustellen, stecken sie Bohnen und Zahnstocher zusammen.
5. Lassen Sie die Bohnenstruktur über Nacht trocknen.

Varianten

❖ Die Kinder können andere Materialien verwenden, um eine Struktur herzustellen (Mausespeck und Zahnstocher, Kugeln aus Modelliermasse und Zahnstocher, gezogene, trockene Erbsen und Zahnstocher oder frische Erbsen aus der Schale und Zahnstocher).

Erklärung

Wenn Ingenieure konstruieren, entdecken sie, wie man Dinge fest und dauerhaft baut. Mit Bohnen zu bauen ist eine gute Möglichkeit, um etwas über stabile Strukturen zu lernen. Gleichgewicht hilft z.B., die Konstruktionen stark zu machen, denn die Schwerkraft zieht immer alle Dinge zur Erde.

ab 6

Gluten/Kleber

Spaghettimalerei

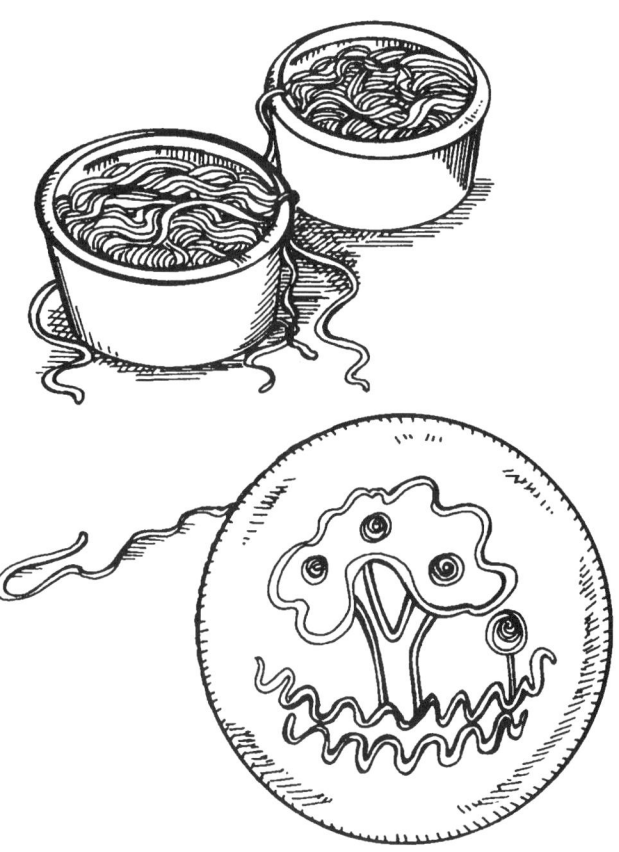

Benötigtes Material
- ✓ Spaghetti
- ✓ 4 Glasschüsseln
- ✓ Lebensmittelfarben
- ✓ Löffel

So geht es
1. Eine kleine Portion Spaghetti wird gekocht. Wenn die Nudeln gar sind, gießen Sie das Wasser ab, und verteilen Sie die Spaghetti auf vier kleine Glasschüsseln.
2. In die Schüsseln träufeln die Kinder ein paar Tropfen Lebensmittelfarbe (in jede Schüssel eine andere Farbe).
3. Die Kinder rühren die Spaghetti um, bis alle Nudeln mit Lebensmittelfarben benetzt und bunt sind.
4. Nun können sie einen Spaghettistrang aus der Schüssel nehmen und in beliebiger Form auf einem Pappteller anordnen.
5. Die Kinder ergänzen ihr Muster durch weitere bunte Spaghetti. Spaghetti kleben ohne Klebstoff.
6. Lassen Sie die Spaghettibilder über Nacht trocknen.

Varianten
❖ Sie können auch andere Nudelarten kochen und einfärben, um daraus ein Nudelbild zu basteln.

Erklärung

Spaghetti werden aus Mehl hergestellt. Das Mehl an der Oberfläche der Spaghetti löst sich im heißen Wasser und bildet seinen eigenen Klebstoff oder Kleister, der Gluten genannt wird. Wenn dieser natürliche Klebstoff trocknet, härtet er und bindet die Spaghetti an das Papier.

Sandpapiermuster

Benötigtes Material

✓ ein Blatt feines Sandpapier
✓ buntes Garn oder Zierband
✓ Schere

So geht es

1. Das Sandpapier wird auf den Tisch gelegt.
2. Die Kinder legen bunte Wollfäden auf das Sandpapier. Die Wollfäden bleiben am Sandpapier haften.
3. Sie können die Lage der Wollfäden so lange verändern, bis sie das gewünschte Bild haben.

Varianten

❖ Die Kinder können auch selbst Sandpapier herstellen, indem sie ein Blatt festes Papier mit Klebstoff bestreichen und Sand darüberstreuen. Wenn der Klebstoff getrocknet ist, klopfen sie den überflüssigen Sand ab.
❖ Nehmen Sie statt der Wollfäden z.B. Reste von Borten, Schnüre, Stickgarn und andere Dinge, von denen Sie glauben, daß sie auf dem Sandpapier haftenbleiben.

Erklärung

Die Struktur eines Gegenstandes meint die Art und Weise, in der Einzelteile zusammengefügt sind, um einen Gegenstand zu bilden. Sandpapier z.B. hat eine rauhe Oberfläche. Wenn wir es mit einem Vergrößerungsglas untersuchen, erkennen wir die einzelnen Sandkörner. Winzige Fasern, die aus dem Garn hervorragen, verfangen sich in den Sandkörnern und bleiben an dem Sandpapier haften.

ab 8

Säure/Base

Unsichtbare Zeichnung

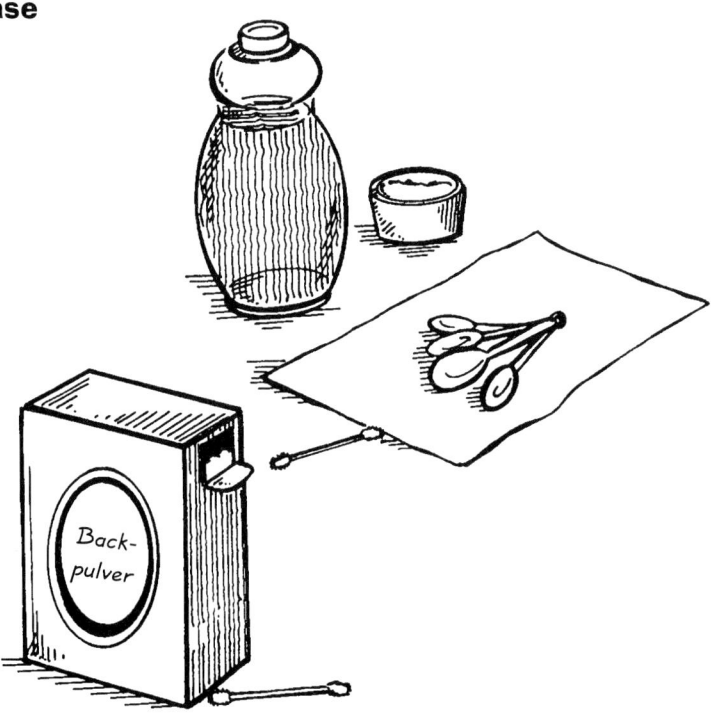

Benötigtes Material

✓ Tassen
✓ 4 Teelöffel (60 ml) Backpulver
✓ 4 Teelöffel (60 ml) Wasser
✓ Wattestäbchen
✓ ein Blatt weißes Papier
✓ dunkler Weintraubensaft

So geht es

1. Um die Farbe herzustellen werden 4 Teelöffel Backpulver mit 4 Teelöffeln Wasser in einer Tasse aufgelöst.
2. Die Kinder tauchen ein Wattestäbchen in die Farbe ein und malen ein Bild auf das weiße Papier.
3. Lassen Sie das Bild vollständig trocknen.
4. Um das Bild auf dem Blatt sichtbar zu machen, überpinseln die Kinder das Blatt mit Traubensaft. Das Bild erscheint in geheimnisvollen, blau-grünen Tönen.

Erklärung

Viele Lebensmittel wie z.B. Weinessig oder Zitronen haben einen sauren Geschmack. Sie enthalten Säure (Zitronensäure, Essigsäure). Andere Lebensmittel wie z.B. Milch oder Backsoda werden Base genannt und sind chemisch gesehen das genaue Gegenteil von Säuren. Basen, die in Wasser löslich sind, z.B. Waschpulver, nennt man auch Laugen. Sie schmecken nach Seife und fühlen sich glitschig an. Ob eine Flüssigkeit eine Säure oder eine Lauge ist, kann man mit Hilfe eines Indikators, z.B. mit Lackmuspapier, feststellen: Laugen färben rotes Lackmuspapier blau, Säuren färben blaues Lackmuspapier rot.

Traubensaft ist ein Indikator für Säuren und Basen, weil er den Base-/Säuregrad einer Substanz durch den Wechsel seiner Farbe anzeigt. Wenn Traubensaft mit Backsoda auf dem Bild in Kontakt kommt, ändert das Bild seine Farbe von weiß zu blaugrün, was anzeigt, das Backsoda eine Base ist.

Magischer Kohlkopf

Benötigtes Material

✓ ein frischer Rotkohl
✓ Messer
✓ Kochtopf
✓ Kochplatte
✓ Sieb
✓ Schüssel
✓ Pinsel
✓ weißes Papier
✓ Weinessig

◆ die Hilfe eines Erwachsenen

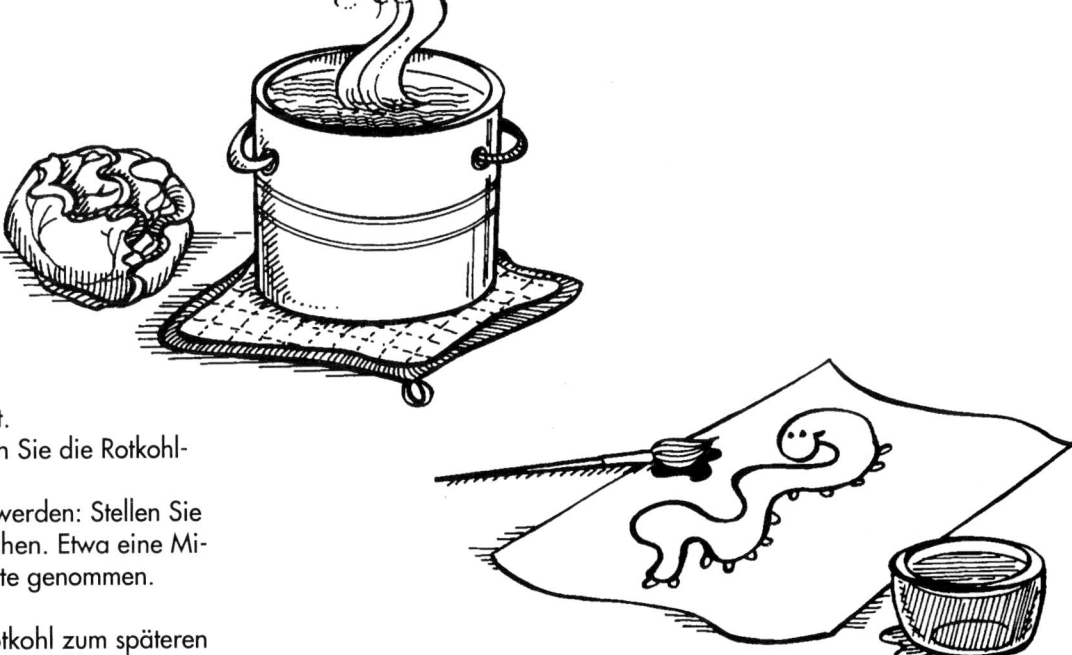

So geht es

1. Der Rotkohl wird mit einem Messer in kleine Stücke geteilt.
2. Füllen Sie einen Kochtopf zur Hälfte mit Wasser und legen Sie die Rotkohlstücke hinein.
3. Dieser Schritt sollte nicht von den Kindern unternommen werden: Stellen Sie den Topf auf die Kochplatte und bringen Sie ihn zum Kochen. Etwa eine Minute kochen lassen. Dann wird der Topf von der Kochplatte genommen.
4. Den Topf etwa 20 Minuten stehen lassen.
5. Das bunte Kochwasser in eine Schüssel abseihen. Den Rotkohl zum späteren Verzehr zur Seite stellen.
6. Die Kinder tauchen einen Pinsel in den gefärbten Rotkohlsaft und malen ein Bild.
7. Das Rotkohlwasserbild vollständig trocknen lassen.
8. Um das magische Bild zu verändern, können die Kinder mit ein wenig Weinessig das Bild überpinseln. Die Farbe des Bildes schlägt von lila in rosa um.

Erklärung

Viele Lebensmittel wie der Weinessig oder die Zitronen haben einen sauren Geschmack und enthalten Säure. Andere Lebensmittel wie Milch oder Backsoda werden Base genannt. Der Saft eines Kohlkopfes ist ein Säure-/Baseindikator, er zeigt also den Säure-/Basengehalt durch den Wechsel seiner Farbe an. Wenn der Weinessig auf der Zeichnung mit dem Saft des Rotkohls in Berührung kommt, wird die lila Farbe zu rosa. Es wird also angezeigt, daß Weinessig eine Säure ist.

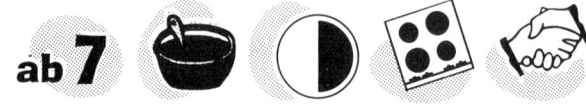

Gase

Skulpturbrezel

Benötigtes Material

- ✓ 1 Packung Hefe
- ✓ 1½ Tassen (375 ml) warmes Wasser
- ✓ 1 Prise (5 ml) Salz
- ✓ 1 Teelöffel (15 ml) Zucker
- ✓ 4 Tassen Mehl
- ✓ 1 geschlagenes Ei
- ✓ Salz
- ✓ eine große Schüssel
- ✓ ein Löffel
- ✓ ein eingefettetes Backblech
- ✓ Backpinsel
- ✓ Ofen (180 °C)

◆ die Hilfe eines Erwachsenen

So geht es

Der Teig:
1. 1½ Tassen (375 ml) warmes Wasser in die große Schüssel geben.
2. Die Hefe in das Wasser streuen und so lange umrühren, bis sie sich aufgelöst hat.
3. Eine Prise (5 ml) Salz, ein Teelöffel (15 ml) Zucker und vier Tassen Mehl hinzugeben.
4. Mit den Händen den Teig vermischen und kneten. Der Teig sollte glatt und elastisch, nicht klebrig sein.

Die Skulpturen:
1. Die Kinder können den Teig in beliebige Formen, z.B. Buchstaben-, Tier- und Phantasieformen rollen.
2. Die Teigskulpturen werden auf ein eingefettetes Backblech gelegt. Lassen Sie den Teig so lange gehen, bis er das Doppelte seines Ursprungsumfanges hat.
3. Nun wird jede Skulptur mit dem geschlagenen Ei abgepinselt.
5. Bei Bedarf können Sie die Skulpturen mit Salz bestreuen.
6. Lassen Sie die Skulptuen bei 180°C ca. 12 bis 15 Minuten backen, also so lange, bis sie fest und goldbraun sind. Langsam abkühlen lassen. Guten Appetit!

Erklärung

Die Backhefe im Brezelteig läßt den Teig aufgehen. Durch eine chemische Reaktion von Backhefe, Mehl und Zucker wird Carbondioxidgas erzeugt, das die Hefe aufgehen läßt. Das gleiche Gas kann man auch herstellen, wenn man Backsoda und Weinessig miteinander mischt. Diese Mischung schäumt. (Vgl. S. 99, Der Vulkan.)

Kapitel 5
Natur und Erde

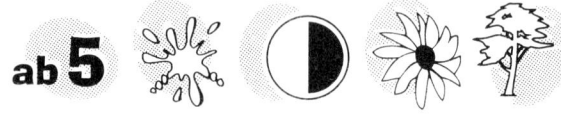

Baumpausen

Benötigtes Material

- ✓ Fingerfarbe
- ✓ eine Gegend draußen mit Bäumen
- ✓ Papier
- ✓ Pinsel
- ✓ Eimer mit Wasser
- ✓ Handtuch
- ✓ Nagelbürste

So geht es

1. Die Kinder sollen eine kleine Fläche einer Baumrinde mit Fingerfarbe bemalen.
2. Danach reinigen sie sich die Hände.
3. Jetzt können sie Papier auf die bemalte Rinde drücken und glattziehen.
4. Das Papier wird langsam von der Rinde abgezogen und das Rindenmuster betrachtet. Trocknen lassen.
5. In der Zwischenzeit reinigen die Kinder die Baumrinde mit klarem Wasser und einer Nagelbürste. Es dürfen keine Farbspuren mehr auf der Rinde zu finden sein.

Varianten

- ❖ Die Kinder können andere Gegenstände aus der Umwelt abpausen, wie z.B. Felsen, Blätter, Gehwege oder Steine.
- ❖ Zwei oder mehr Gegenstände werden auf einem Blatt Papier abgepaust. Die Muster und Farben der verschiedenen Gegenstände sollten sich überschneiden.
- ❖ Sie können auch Gegenstände aus der Umwelt in Plastilin oder Knetmasse pressen und Abdrücke machen.

Erklärung

Wenn ein Baum wächst, muß seine Rinde mitwachsen. Einige Bäume haben eine sehr dehnbare und glatte Rinde. Andere Bäume haben eine weniger dehnbare Rinde, die rissig wird, wenn der Baum wächst. Deshalb haben einige Bäume eine rauhe Rinde mit tiefen Furchen. Durch das Abpausen von Borken können wir die Dehnungs- und Wachstumsmuster der Rinde, die den Baum schützt, sehr gut erkennen.

Schuhcremeblätter

Benötigtes Material

- ✓ Schuhcreme
- ✓ frische Blätter
- ✓ weißes Papier
- ✓ alte Kleidungsstücke
- ✓ Nudelholz oder Teigrolle
- ✓ draußen

So geht es

1. Mit einem Kleidungsstück wird Schuhcreme auf die Rückseite eines frischen Baumblattes gemalt.
2. Das Blatt wird mit der Schuhcremeseite nach unten auf ein weißes Papier gelegt.
3. Das Blatt mit einem zweiten Blatt Papier bedecken.
4. Die Kinder rollen das Nudelholz oder die Teigrolle über das abgedeckte Blatt.
5. Das obere Papier wird langsam entfernt. Fassen Sie das Blatt an seinem Stiel an und ziehen Sie es von dem zweiten Papier ab. Auf dem Blattdruck können Sie das gesamte Blatt mit Blattmaserungen und Stengel sehen.

Varianten

- ❖ Die Kinder können verschiedene Schuhcremefarben und verschiedene Blattformen ausprobieren.
- ❖ Oder sie können verschiedene Papiersorten ausprobieren, wie z.B. Butterbrotpapier, Wachspapier, Textilpapier und buntes Papier.
- ❖ Sie können anstelle der Schuhcreme Tinte aus einem Stempelkissen benutzen oder auch Farbe.

Erklärung

Blätter haben verschiedene Formen und eine interessante Oberflächenstruktur. Das Muster auf der Blattoberfläche sind die Blattnerven, die Wasser und Nahrung transportieren.

Naturspray

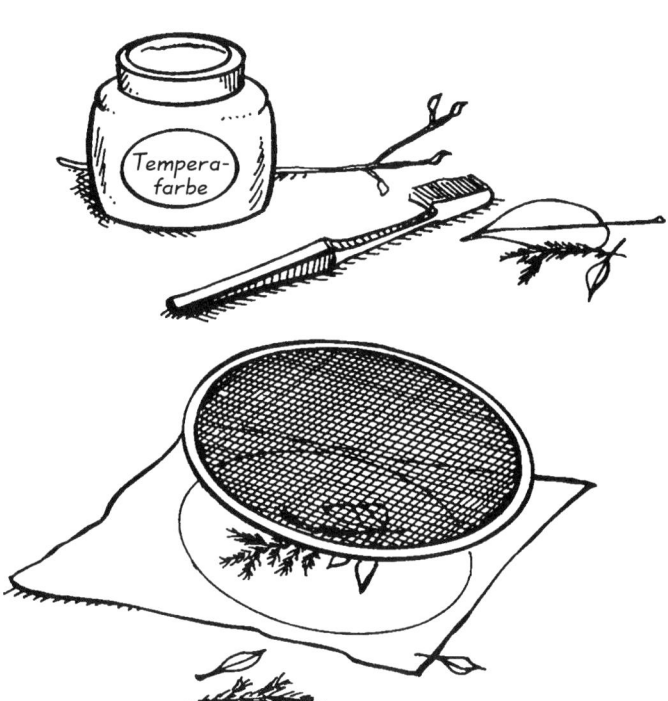

Benötigtes Material

✓ eine Tasse mit Temperafarbe
✓ Zahnbürste, flaches Sieb
✓ Papier
✓ Dinge aus der Natur:
   Kiefernzweige, Blätter, Blumen
✓ ein mit Zeitungen abgedeckter Tisch
✓ draußen

So geht es

1. Die Kinder können mit dem Außenring des Siebes einen Kreis auf das Papier malen.
2. Draußen sollen sie Kiefernzweige, Blätter und Blumen sammeln.
3. Dann können sie die Pflanzen in dem Kreis, der auf das Papier gemalt worden ist, arrangieren.
4. Das Sieb wird vorsichtig über das Pflanzenarrangement gelegt.
5. Die Zahnbürste wird in die Farbe getaucht und vor- und rückwärts auf dem Sieb hin und her bewegt. Hierdurch wird die Farbe auf dem Papier versprüht.
6. Die Kinder versprühen die Farbe, bis das Papier vollständig mit Farbe bedeckt ist.
7. Entfernen Sie vorsichtig das Sieb.
8. Lassen Sie die Pflanzen auf dem Bild liegen, bis die Farbe getrocknet ist; danach werden sie entfernt. Die Umrisse von Zweigen, Blättern und Blumen sind nun auf dem Papier sichtbar.

Varianten

❖ Die Kinder können Farbe über folgende Gegenstände sprühen:
  - Formen, die sie aus Papier ausschneiden;
  - Klebestreifen, die sie auf Papier aufkleben: Wenn die Farbe trocken ist, werden die Klebestreifen von dem Papier abgezogen;
  - kleine Spielzeuge, Legosteine, Schraubenmuttern und Magnetbuchstaben.

Erklärung

Auf die Fläche, die von der Pflanze bedeckt wird, kann keine Farbe kommen. Wenn wir die Pflanze wegnehmen, findet sich an dieser Stelle ein Negativbild mit der gleichen Form der Pflanze. Das Bild läßt sich mit einem Schatten oder einer Silhouette der ursprünglichen Pflanze vergleichen.

Pflanzendrucke

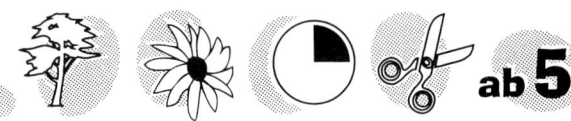

Benötigtes Material

✓ frische Blätter
✓ frische Blumen
✓ weißer Stoff
✓ Hammer
✓ Holzbrett
✓ Heftzwecken
✓ draußen

So geht es

1. Die Blätter und Blumen werden auf dem Holzbrett arangiert.
2. Legen Sie den weißen Stoff auf das Brett und befestigen Sie ihn mit den Heftzwecken.
3. Die Kinder schlagen mit einem Hammer auf den weißen Stoff und zermalmen die Blätter und Blumen unter dem Stoff.
4. Zum Schluß werden die Heftzwecken aus dem weißen Stoff entfernt und die Kinder können die Abdrücke auf dem Stoff betrachten.

Varianten

❖ Bedecken sie die Pflanzen mit einem Blatt festen Papier, und lassen Sie den obigen Vorgang von den Kindern wiederholen.
❖ Die Kinder können die Pflanzen mit einem Blatt Papier bedecken und mit der Mine eines Buntstiftes oder mit einem Stück Holzkohle abpausen.

Erklärung

Die Farben in frischen Blättern und Blumen werden durch Chemikalien, genannt Pigmente, verursacht. Wenn man mit einem Hammer auf die Pflanze schlägt, werden Pigmente frei und färben das weiße Tuch. Früher haben Menschen Pflanzen zermörsert und die natürlichen Pigmente als Malfarbe oder zum Färben von Stoffen benutzt.

Symmetrische Drucke

Benötigtes Material

✓ 2 Äpfel
✓ ein Messer und zum Schneiden
✓ Schneidebrett
✓ Temperafarbe in einer Schüssel oder auf einem Tablett
✓ Papier

◆ die Hilfe eines Erwachsenen

So geht es

1. Schneiden Sie einen Apfel der Länge nach, einen anderen Apfel der Breite nach durch.
2. Mit der einen Hälfte jedes Apfels soll gedruckt werden, die andere Hälfte können die Kinder essen.
3. Den längs durchgeschnittenen Apfel können die Kinder zuerst in die Farbe und dann auf das Papier pressen. Dabei sollen sie auf die symmetrischen Formen achten, also darauf, daß sich die beiden Seiten spiegeln und genau das gleiche Muster bilden.
4. Die andere Apfelhälfte wird in die Farbe und auf das Papier gedrückt. Jetzt entsteht ein neues symmetrisches Muster.
5. Die Kinder können mit Apfeldrucken verschiedene Muster erzeugen.

Varianten

❖ Teilen Sie den längs durchgeschnittenen Apfel noch einmal. Auch diese Apfelviertel sind symmetrisch. Mit ihnen können die Kinder dann Muster machen.
❖ Die Kinder versuchen Orangen, Bananen, Pfirsiche und Erbsen durchzuschneiden. Die symmetrischen Teile sollen sie zum Drucken benutzen, die anderen aufessen.

Erklärung

Wenn wir einen Apfel der Länge nach durchschneiden, sind beide Seiten spiegel- oder achsensymmetrisch. Würden wir eine Linie durch die Mitte der Apfelhälfte ziehen, wären die Muster und Formen auf beiden Seiten gleich. Wenn man einen Apfel in der Mitte durchschneidet, sind beide Seiten punktsymmetrisch, die Muster, die sich ausbilden, sind sternenförmig.

Klebrige Bilder

   ab 5

Benötigtes Material

- ✓ Vaseline
- ✓ Pappteller
- ✓ Löwenzahnsamen
- ✓ sehr feine Grashalme
- ✓ Ausguß, Seife, Handtuch
- ✓ ein mit Zeitungen abgedeckter Tisch
- ✓ draußen

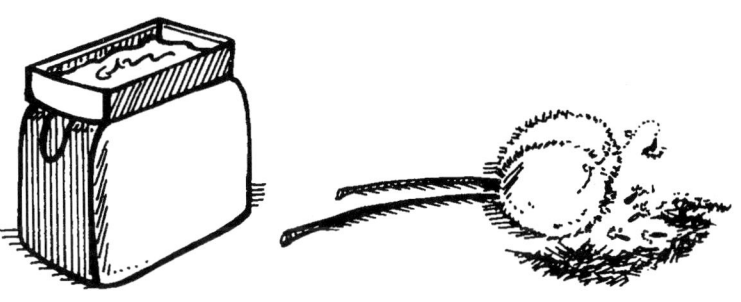

So geht es

1. Die Kinder verteilen die Vaseline mit den Fingern auf einem Pappteller und stellen den Teller dann auf den Tisch.
2. Danach sollten sie ihre Hände sorgfältig waschen und abtrocknen.
3. Nun nehmen sie die Samen und die Grashalme in ihre Hände und halten sie über den Pappteller.
4. Die Samen werden auf den Pappteller gepustet.

Varianten

- ❖ Die Kinder verteilen Vaseline auf einem Pappteller und hängen ihn draußen auf. Einige Zeit später sollen sie kontrollieren, welche Dinge auf dem Pappteller kleben geblieben sind.
- ❖ Sie können einen Pappteller mit Klebstoff bestreichen und nach draußen hängen. So können die Kinder feststellen, welche Teilchen und Überraschungen die Luft bereithält.

Erklärung

Vaseline ist eine zähflüssige, schmierige Substanz. Kleine und leichtgewichtige Materialien bleiben auf einem mit Vaseline bedeckten Teller haften. Wenn wir diese Dinge genau betrachten, z.B. Samen, Sporen, Pollen oder Staub, lernen wir etwas über die Luft, die wir atmen.

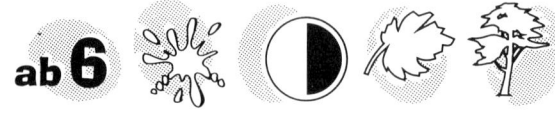
Blätter

Blätter drucken

Benötigtes Material

✓ frische Blätter
✓ Gummilösung
✓ Tassen mit Temperafarbe
✓ Pinsel
✓ Papier
✓ draußen

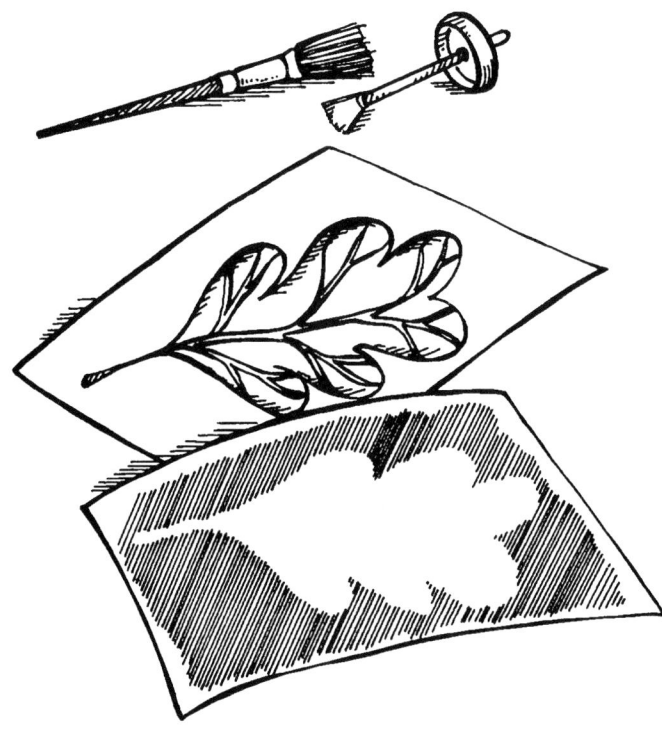

So geht es

1. Mit Gummilösung werden Blätter auf dem Papier festgeklebt.
2. Lassen Sie die Blätter eine halbe Stunde oder länger trocknen.
3. Die Kinder malen mit der Temperafarbe über die Blätter und das Papier. (Die Blattränder müssen besonders vorsichtig behandelt werden, damit sie sich nicht ablösen.)
4. Die Farbe vollständig trocknen lassen. (Am besten über Nacht.)
5. Zum Schluß können die Kinder die Blätter vorsichtig von dem Papier abziehen. Ein natürlicher Blattabdruck wird auf dem Papier zurückbleiben.

Varianten

❖ Die Kinder können Blattformen auf alte Aktendeckel kleben und ausschneiden. Beide Formen werden für die Drucke benutzt: Das Blatt und auch das Loch, das durch das Ausschneiden zurückgeblieben ist.
❖ Wenn Sie der Farbe Salz hinzufügen, erhalten Sie interessante Effekte.
❖ Die Kinder können das gleiche Experiment mit anderen Formen oder flachen Gegenständen statt der Blätter durchführen.
❖ Die Farbe kann auch mit einer Zahnbürste und oder einem Sieb versprüht werden. Vorher sollte die Arbeitsfläche mit Zeitungen abgedeckt werden und die Kinder sollten Schürzen anziehen. Das Experiment funktioniert auch sehr gut, wenn man das Blatt in einen Schuhkarton legt. Die Seitenwände des Kartons fangen die Farbspritzer auf.

Erklärung

Blätter haben viele verschiedene Formen und haben auf ihrer Oberfläche interessante Muster. Das Muster auf der Blattoberfläche sind die Blattnerven, die Wasser und Nahrung durch die Pflanze transportieren. Blattabdrücke zeigen uns die Beziehung zwischen Schönheit und Funktion in der Natur.

Baumkünste

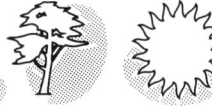   

Benötigtes Material

✓ Farbe
✓ Pinsel
✓ Buntstifte
✓ Bleistifte
✓ Papier
✓ eine Gegend draußen mit Bäumen

So geht es

Die folgenden fünf Kunstexperimente animieren die Kinder, Bäume genauer zu betrachten:

1. Die Kinder malen mit Farben und Pinsel aus nur zwölf Strichen einen Baum.
2. Sie malen mit schwarzer Farbe die Silhouette eines Baumes.
3. Lassen Sie die Kinder ein Blatt Papier mit schwarzen Buntstiften ganz ausmalen; sie sollen dabei fest aufdrücken. Dann ritzen sie mit einer Büroklammer Bäume in das Bild. Diese Technik wird Radierung genannt.
4. Die Kinder malen oder zeichnen Blätter, während sie sie ganz genau betrachten.
5. Gehen sie mit den Kindern nach draußen und lassen Sie sie mit Papier und Buntstiften verschiedene Baumrinden abpausen.
6. Bewahren Sie alle fünf Kunstexperimente zusammen in einer Mappe auf.

Erklärung

Wissenschaftler und Künstler müssen die Fähigkeit der Beobachtung haben, Dinge sehr genau betrachten und ihre Einzelheiten erkennen können. Sie müssen genau das tun, was wir tun, wenn wir mit den Bäumen arbeiten und sozusagen Baumkunst betreiben.

Tierspuren im Zimmer

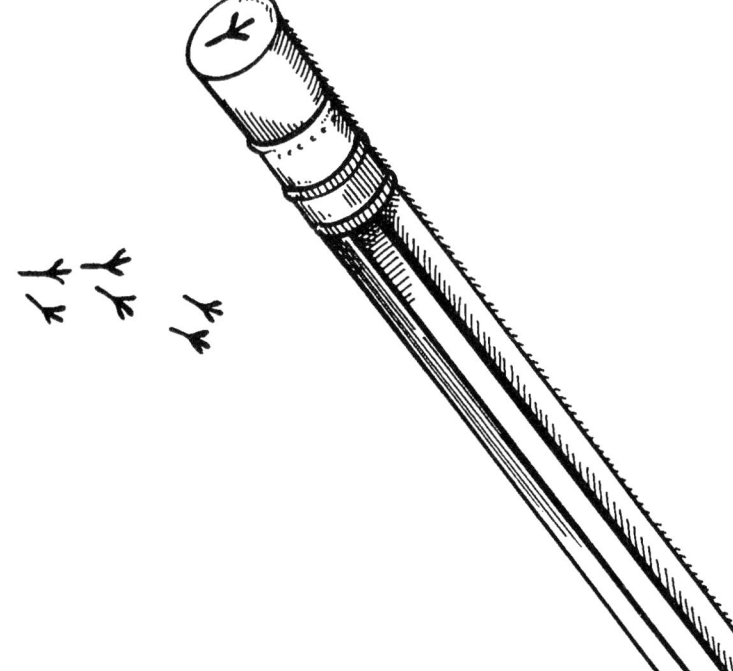

Benötigtes Material

✓ Bleistift mit Radiergummiaufsatz
✓ Tintenkugelfüller
✓ Notizkärtchen oder Papier

So geht es

1. Lassen Sie die Kinder mit dem Tintenkugelschreiber kleine Vogelspuren auf den Radiergummi eines Bleistiftes malen.
2. Die Kinder sollen den Radiergummi auf ein Notizkärtchen oder ein Papier drücken.
3. Mit dem Radiergummi werden leichte Spurenmuster gemacht.
4. Wenn die Spuren nur noch schwer zu erkennen sind, soll das Kind neue Tinte auf den Radiergummi geben und noch mehr Spuren machen.

Varianten

❖ Die Kinder können andere winzige Tierspuren malen, wie z.B. die einer Maus, einer Ameise, von frei erfundenen Figuren oder von winzigen Menschenfüßen.
❖ Sie können auch echte Fährten auf große Bögen Fleischerpapier machen, indem sie erst durch die Farbe und dann über das Papier laufen. Hierzu sollten sie bunte Farben und verschiedene Schuhe benutzen: Stiefel, nackte Füße und auch Rollschuhe. Stellen Sie zum Reinigen eine Wanne mit Wasser bereit.
❖ Die Kinder können im Schnee, Schlamm oder Sand nach Tierfährten suchen. Die Tierfährten werden auf den Radiergummi eines Bleistiftes übertragen.

Erklärung

Durch die genaue Betrachtung von Tierspuren können wir viel lernen. Manchmal können Spuren eine ganze Geschichte erzählen. Wissenschaftler, die Tierspuren erforschen, wissen, von welchem Tier die Spuren stammen, wie groß es war und was das Tier gerade tat, als es die Spuren machte. Manchmal kann man in sehr alten Steinen, die einmal Schlamm waren, versteinerte Tierspuren finden. Wissenschaftler haben durch diese versteinerten Spuren viel über ausgestorbene Tiere, z.B. über Dinosaurier, gelernt.

Grasgemälde

Chlorophyll

Benötigtes Material

✓ Pappe
✓ Schere
✓ Grasfleck
✓ Sonnenlicht
✓ Steine
✓ draußen

So geht es

1. Bei diesem Experiment wird auf Rasen gearbeitet. Bitten Sie zunächst die Eltern, die Lehrer oder wem auch immer der Rasen gehört, um die Erlaubnis, das Experiment durchzuführen.
2. Aus alten Pappkartons werden Formen ausgeschnitten.
3. Die Formen werden auf einen grünen Grasfleck gelegt.
4. Um sie zu befestigen, wird auf jede Form ein Stein gelegt.
5. Die Formen müssen mehrere Tage an der gleichen Stelle liegen bleiben.
6. Die Kinder können dann die Formen von dem Gras herunternehmen und das Gras untersuchen. Das Gras wird gelb aussehen.
7. Das Gras wird sich zwar langsam, aber dennoch vollständig erholen, wenn die Sonne scheint und es regnet. Damit sich das Gras schneller erholen kann, sollten die Kinder die gelben Grasflecken mit einem Gartenschlauch wässern.

Varianten

❖ Die Kinder können aus der Pappe Buchstaben schneiden und Wörter, Namen oder Botschaften in das Gras schreiben.
❖ Sie können ein Thema für eine Feier oder für den Urlaub im Gras illustrieren.

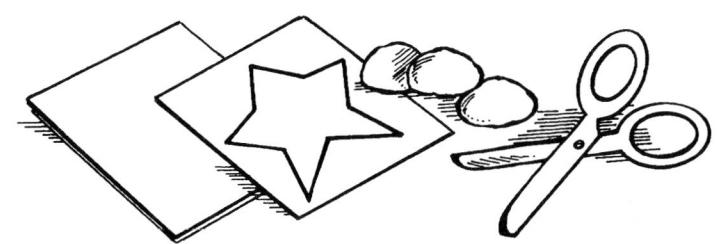

Erklärung

Die grüne Farbe in Pflanzen kommt durch eine Substanz, die Chlorophyll genannt wird, zustande. Chlorophyll hilft den Pflanzen, aus Sonnenlicht Energie zu produzieren, ähnlich wie Tiere Futter für die Energieproduktion brauchen. Wenn das Sonnenlicht abgeblockt wird, wird Chlorophyll vermindert und die grüne Farbe des Grases verblaßt. Das Gras wird gelb, da es ohne Licht nicht leben kann, es beginnt abzusterben. Aber wenn das Gras wieder mit Sonnenlicht beschienen wird, wird das Grün zurückkehren, besonders, wenn das Gras auch noch gewässert wird.

Sandgemälde

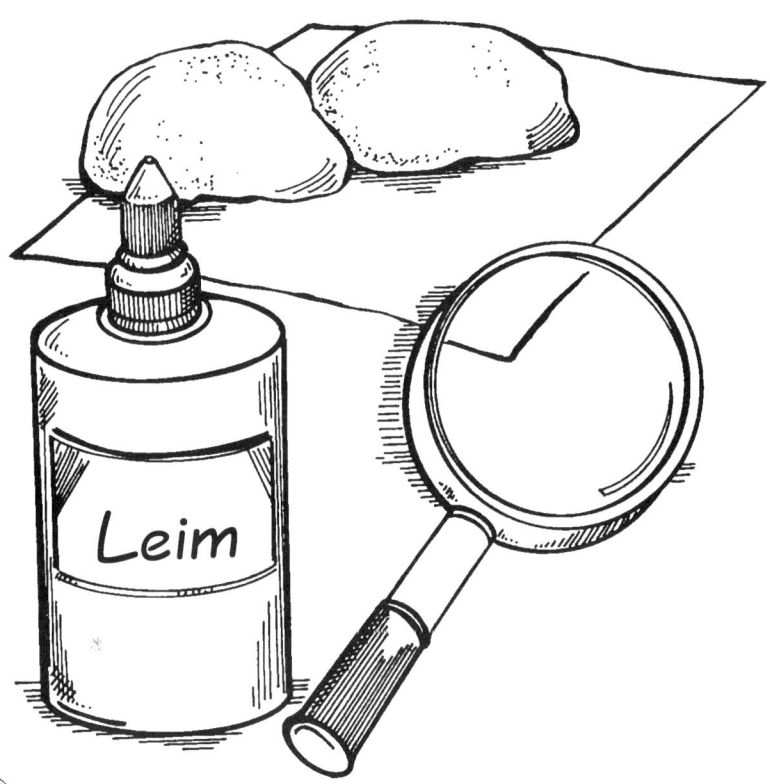

Benötigtes Material

✓ zwei Sandsteine
✓ dunkles Papier (blau, dunkelrot, schwarz oder grün)
✓ weißer Leim
✓ Lupe

So geht es

1. Die Kinder malen mit dem Leim ein beliebiges Muster auf das Papier.
2. In jede Hand wird jeweils ein Stein genommen und die Steine werden über dem Papier aneinandergerieben. Durch die Reibung entsteht Sand, der auf dem Leim kleben bleibt. So entsteht ein Sandgemälde.
3. Das Sandgemälde über Nacht trocknen lassen.

Varianten

❖ Die Steine werden über einem Karton zermahlen, so daß der ganze Kartonboden bedeckt ist. Die Kinder können mit einer Lupe die Formen der Sandkörner betrachten. Der Sand wird später über Leimmuster auf einem Bogen Papier gestreut, um ein Sandgemälde zu fertigen.
❖ Die Kinder verarbeiten die Steine mit einem Hammer zu Sand. Hierzu sollten sie nach draußen auf den Gehweg gehen oder sich auf einen großen Stein setzen und dort die Steine zermalmen. Mit dem Sand können sie ein Sandgemälde herstellen.

Erklärung

Sand besteht aus einer Vielzahl von kleinen Körnchen, die durch die Verwitterung von Gestein entstanden sind. Verwitterung ist die Zersetzung und Zerteilung von Gesteinen durch natürliche Einflüsse (Frost, Wasser u.a.). Wenn wir Steine aneinanderreiben oder -schlagen, erzielen wir den gleichen Effekt wie der Wind oder das Wasser, die die Steine aneinanderschlagen und abschmirgeln.

Sandgarten

Benötigtes Material

- ✓ Sandkasten
- ✓ Gegenstände aus der Natur, wie z.B.:
  Steine, Kletten, Zweige
- ✓ Plastikbecher, Behälter, Schachteln
- ✓ Wasser
- ✓ draußen

So geht es

1. Der Sand im Sandkasten wird mit Wasser befeuchtet. Die Kinder sollen ihn mit den Händen so lange durchrühren, bis er formbar ist.
2. Die Kinder füllen den Sand in einen Behälter. Wenn sie den Behälter im Sandkasten umstülpen, kommt der Sand in einem Stück und als eine Form heraus.
3. Noch mehr Behälter werden mit Sand gefüllt und umgestülpt.
4. Sie können die Sandformen mit Zweigen, Steinen, Kieselsteinen, Kletten und anderen Gegenständen aus der Natur schmücken.

Varianten

- ❖ Die Kinder können eine Wüstenlandschaft bauen: Kletten sollen die Sträucher, Zweige die Kakteen darstellen.
- ❖ Sie können auch andere Umgebungen aus Sand mit ihren Spielzeugen und Gegenständen aus der Natur bauen, z.B.:
  - ein Gebirge
  - eine Meeresküste
  - oder einen Park.

Erklärung

Wir können Sand herstellen, indem wir einen Stein in winzige Körner mit vielen verschiedenen Größen zerstoßen oder zerreiben. Einige Sandkörner sind so klein wie Pulverkörnchen, man kann sie nur mit Hilfe eines Vergrößerungsglases untersuchen. Wenn wir diese Körnchen mit Wasser vermischen, haftet der Sand besser zusammen und es entsteht Schlamm. Sandstein entsteht, wenn in der Natur Wasser und Sand für eine sehr lange Zeit heruntergedrückt werden oder wenn sich Sandkörnchen in Ton oder andere Erde einlagern.

Seetangdrucke

Benötigtes Material

✓ frischer Seetang
✓ eine mit Wasser gefüllte, breite und eckige Schüssel
✓ festes Papier
✓ Wachspapier oder Plastikfolie
✓ alte Zeitungen
✓ Folienstifte

So geht es

1. Das Papier wird in die mit Wasser gefüllte Schüssel abgesenkt.
2. Legen Sie ein wenig Seetang auf das Papier.
3. Die Kinder sollen das Papier vorsichtig aus dem Wasser nehmen und das Wasser abtropfen lassen. Der Seetang bleibt auf dem Papier liegen.
4. Das nasse Papier und der Seetang werden zum Trocknen auf einen Stapel Zeitungen gelegt.
5. Die Kinder bedecken das Papier und den Seetang mit gewachstem Papier.
6. Wenn sie wollen, können die Kinder etwas über Seetang schreiben oder ein zusätzliches Muster auf die Plastikfolie oder das gewachste Papier malen.
7. Dieser Vorgang wird mit dem anderen Seetang wiederholt. Im ersten Schritt wird immer der Seetang auf das Papier gelegt.
8. Wenn der gesamte Seetang aufeinandergestapelt worden ist, wird er, um das austretende Wasser aufzusaugen, mit einer dicken Schicht Zeitungen abgedeckt. Der Stapel wird auf einen ebenen Platz gestellt und oben auf den Stapel wird ein Gewicht, eine Wolldecke, ein kleiner Teppich o.ä. gelegt.
9. Bis der Seetang getrocknet ist, sollten die Kinder die Zeitungen täglich wechseln.
10. Entfernen Sie das Papier vom Wachspapier oder der Plastikfolie. Ein gepreßter und getrockneter Seetangabdruck wird auf dem Wachspapier oder auf der Plastikfolie zu sehen sein.
12. Die Kinder können den Seetangabdruck in ein Fenster hängen oder eine Sammlung von Drucken in ihren Notizbüchern aufbewahren.

Erklärung

Seetang ist eine einfache Pflanze, die zu der Gruppe der Algen gehört, im Wasser aufwächst und lebt. Algen sind nicht - wie andere Pflanzen - in Wurzel, Sproß und Blätter unterteilt.
Wenn wir Seetang wässern und danach auf ein Papier legen, behält er seine natürlichen Formen und Muster.

Trockenes Arrangement

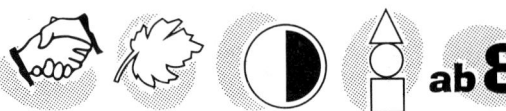

Benötigtes Material

✓ Pfanzenmaterial, wie z.B.:
  getrocknete Gräser, Unkraut und Tannenzapfen
✓ Gips
✓ Wasser
✓ kleine Behälter, wie z.B.
✓ Papiertassen oder Plastikschalen (Aluminium Pastetenteller)

◆ die Hilfe eines Erwachsenen

So geht es

1. Lassen Sie die Kinder im Herbst verschiedene Pflanzen sammeln, die zu dieser Jahreszeit auf natürliche Weise getrocknet und im Wald und auf Feldern zu finden sind.
2. Der Gips wird mit Wasser in einer Papiertasse oder Plastikschale angerührt, bis die Masse cremig ist.
3. Wenn der Gips langsam fest wird, können die Kinder das getrocknete Unkraut, die Gräser und Tannenzapfen so in den Gips stellen, wie sie es von Schnittblumen in einer Vase kennen. Die Kinder sollten hierbei zügig vorgehen, denn der Gips erhärtet sehr schnell. (Sie können das Experiment zunächst mit einem Tonklumpen - anstelle des Gipses - üben lassen.)
4. Wenn das Arrangement vollständig ist, soll es über Nacht trocken.

Varianten

❖ Die Kinder schneiden frische Blumen oder Getreidehalme und hängen sie mit dem Kopf nach unten an einer Schnur auf. Wenn sie getrocknet sind, können sie für das oben beschriebene Experiment statt der Gräser und des Unkrauts benutzt werden.
❖ Für ein professionelleres Blumenarrangement können die Kinder den Plastikblumentopf in einen Korb oder in einen Übertopf stellen.

Erklärung

Gips ist ein weißes Pulver, das aus einem zerschlagenem Fels gewonnen wird. Mit Wasser vermischt wird aus Gipspulver eine Paste, aus der wir Formen bauen oder gießen können. Wenn der Gips trocknet, wird er wieder zu einem harten, festen Material.

Schmelzen

Natürliches Fenster

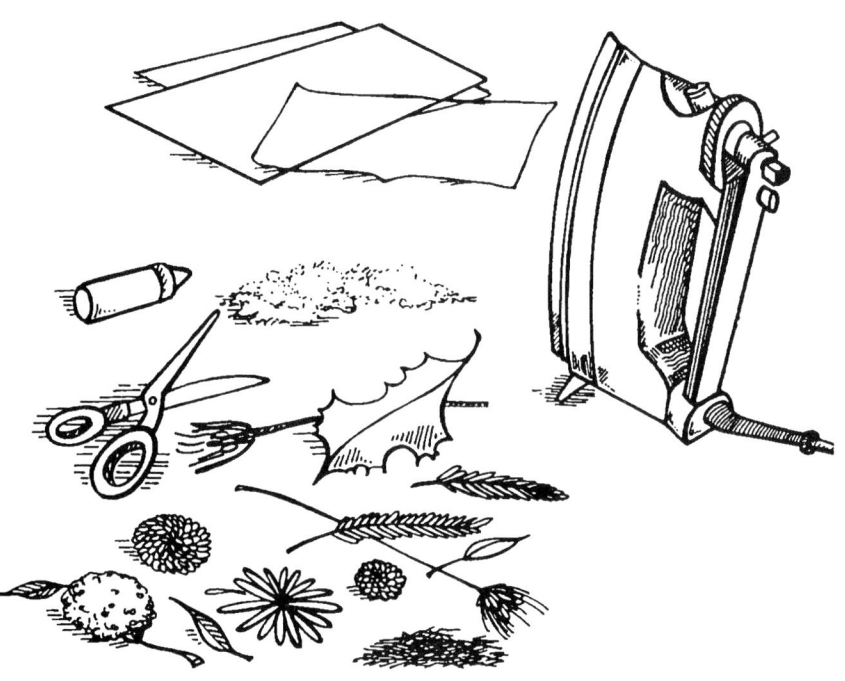

Benötigtes Material

✓ Zeitungen
✓ Tisch
✓ 2 Blätter einfaches Papier
✓ 2 Blätter Wachspapier
✓ getrocknete oder gepreßte Blumen, Gräser und Blätter, Buntstiftspitzen
✓ Sand
✓ ein altes Bügeleisen
✓ Schere

So geht es

1. Der Tisch wird mit einer dicken Schicht Zeitungen abgedeckt, um ihn vor der Hitze des Bügeleisens zu schützen.
2. Legen Sie ein Blatt einfaches Papier auf die Zeitungen.
3. Ein Blatt Wachspapier wird auf das einfache Papier gelegt.
4. Die Kinder verteilen Blumen, Gräser und Blätter auf dem Wachspapier, so daß ein Muster entsteht. Zum Schluß wird das Muster mit Sandkörnern verziert.
5. Legen Sie ein zweites Blatt Wachspapier auf die Blumen und auf das Wachspapier ein Blatt einfaches Papier.
6. Ein Erwachsener bügelt das Muster mit einem Bügeleisen auf niedriger Stufe, aber unter starkem Druck. Die beiden Wachspapierblätter kleben nun aneinander.
7. Die Kinder können das einfache Papier vom Wachspapier entfernen und die Ecken mit der Schere abrunden.
8. Hängen Sie die Bilder in ein Fenster.

Erklärung

Wachspapier ist das, was sein Name sagt - Papier, das mit Wachs beschichtet ist. Das feste Wachs auf dem Papier schmilzt, wenn man es mit dem Bügeleisen erhitzt. Wenn sich zwei Seiten Wachspapier beim Erhitzen mit dem Bügeleisen berühren, vermischen sich die Wachsmoleküle der beiden Blätter. Wenn das Wachspapier wieder abkühlt, ordnen sich die Moleküle wieder zu einem regelmäßigen Muster und das Wachs wird von einer Flüssigkeit wieder zu einem Festkörper.

Varianten

❖ Sie können auch etwas Borte, Stoffe, Spitze, Glitzerteilchen oder Konfetti hinzufügen.
❖ Die Kinder können das gleiche Muster auf die Klebeseite einer durchsichtigen, selbstklebenden Folie machen. Das Muster wird mit einem zweiten Blatt selbstklebender Folie bedeckt. Nicht bügeln. Die Ecken abrunden.

Gartenskulptur

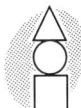 ab **5**

Benötigtes Material

- ✓ eine kleine Tonschale (wie die, die unter Blumentöpfen stehen)
- ✓ Buntstifte
- ✓ Blumenerde
- ✓ ein großer Löffel
- ✓ Grassamen (eine Handvoll)
- ✓ eine mit Wasser gefüllte Sprühflasche
- ✓ kleine Muscheln
- ✓ Bienenwachs
- ✓ kleine Zweige

So geht es

1. Lassen Sie die Kinder die Außenseite der Blumenschale mit Buntstiften bemalen.
2. Sie können mit dem Löffel 3/4 der Schale mit Blumenerde füllen. (Falls Sie keinen Löffel zur Hand haben, können Sie das auch sehr gut mit den Händen machen.)
3. Die Erde wird mit einer Sprühflasche gut angefeuchtet.
4. Die Kinder sollen eine gute, aber nicht zu dichte Schicht Grassamen auf die Erde streuen.
5. Die Samen mit einer dünnen Schicht Erde bedecken.
6. Wieder mit Wasser ansprühen.
7. Die Kinder können die Schale in ein sonniges Fenster stellen und auf Wachstums- anzeichen achten.
8. Einmal pro Tag wird der Garten angesprüht.
9. Wenn die Scat sprießt, können die Kinder noch andere Gegenstände in die Scha- le stellen, damit sie wie ein Miniaturgärtchen aussieht, z.B.:
   - dünne Zweige, die Bäume darstellen sollen.
   - Muscheln, um einen See zu machen.
   - kleine Tiere, die aus Bienenwachs geformt sind.

Varianten

- ❖ Die Kinder können kleine Papierfetzen in den winzigen Baum stecken oder einen teilweise eingegrabenen Kosmetikspiegel als See benutzen.
- ❖ Fügen Sie kleine Figuren oder Spielzeuge hinzu oder einen Baumstamm aus einem kleinen Ast.
- ❖ Legen Sie einen Weg aus Steinen an.

Erklärung

Alle Pflanzen brauchen zum Wachsen Feuchtigkeit und Sonnenlicht. Grassamen keimen oder sprießen und beginnen zu wachsen, wenn Wasser in die Samenoberfläche zieht und Nahrung in den Samen produziert wird. Wenn das Gras gekeimt ist, braucht es zum Wach- sen und Überleben immer noch Wasser und Licht.

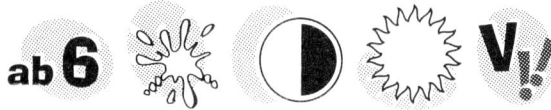
Pigmente

Lebensmittelfarben

Benötigtes Material

✓ Senfmehl, Paprika, Kakao, Brombeeren, Currypulver, Rote Beete, rote Johannisbeeren
✓ Papier
✓ Wasser
✓ Pinsel
✓ Eiswürfelbox

So geht es

1. Die Gewürze und Lebensmittel werden in jeweils eigene Felder der Eiswürfelbox gefüllt.
2. Füllen Sie in jedes Feld ein wenig Wasser und rühren Sie alles gut durch.
3. Die Kinder sollen einen Pinsel in die Lebensmittelfarben tauchen und sie wie Farbe gebrauchen. (Die Menschen mußten sich früher, bevor es Geschäfte für Kunstbedarf gab, ihr Kunsthandwerkszeug selbst herstellen. Die Kinder können versuchen, aus den Gewürzen, Gemüsesorten und Beeren Farbe herzustellen. Diese hausgemachten Farben dürfen nicht verzehrt werden.)
4. Während des Malens sollen die Kinder die Pinsel immer wieder abwaschen.

Varianten

❖ Die Kinder können aus Ginsterhalmen, Gräsern, Kiefernzweigen, Federn oder Stöckchen Pinsel herstellen und sie statt der normalen Pinsel benutzen.
❖ Sie können einige Lebensmittel kochen, um deren Farbe zu extrahieren. Die folgenden Lebensmittel sind besonders gut geeignet: Mangoldgemüse, Möhrengemüse oder Preiselbeeren.
❖ Die Kinder können Früchte in einen Korb legen und dieses Stilleben mit Lebensmittelfarben malen.

Erklärung

Nahrungsmittel haben natürliche Farben und Farbstoffe, die Pigmente genannt werden. Wenn man die Lebensmittel mit Wasser mischt, verdünnen sich die Farben und wir können leichter mit ihnen zeichnen. Durch die ganze Geschichte hindurch wurden Pigmente benutzt, um zu malen oder um Kleidung zu färben.

Hausgemachte Farben   ab **6**

Benötigtes Material

- ✓ Nüsse für braun
- ✓ gelbe Narzissen für gelb
- ✓ Rote Beete für rot
- ✓ Möhren für orange
- ✓ Gras für grün
- ✓ Preiselbeeren für rosa
- ✓ Wasser
- ✓ Herdplatte
- ✓ Soßenlöffel
- ✓ Pinsel
- ✓ weißes Papier
- ✓ Eiswürfelbox aus Aluminium

- ◆ die Hilfe eines Erwachsenen

So geht es

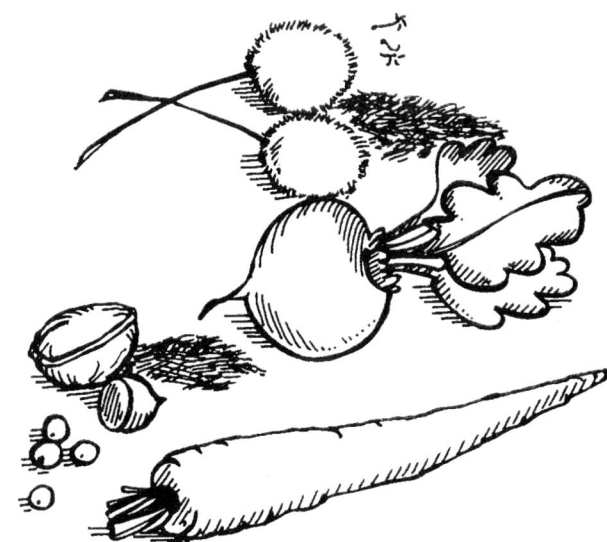

1. Jede Pflanze wird in jeweils einem Topf mit Wasser aufgekocht. Lassen Sie das Ganze so lange kochen, bis das Wasser eine kräftige Farbe hat. Abkühlen lassen.
2. Das gefärbte Wasser wird in verschiedene Felder der Eiswürfelbox gefüllt.
3. Die Kinder sollen einen Pinsel in das gefärbte Wasser tauchen und damit auf Papier malen.

Varianten

- ❖ Die Kinder können mit gefärbten Wasser auf weißem Stoff malen.
- ❖ Sie können alle Pflanzen in einem Topf kochen. Das ergibt eine stark gemischte Farbe.
- ❖ Lassen Sie die Kinder andere natürliche Materialien sammeln und als Farbstoff benutzen, wie z.B. Baumrinde, Blumen, Unkraut oder Gras.

Erklärung

Die Farben, die man in seiner natürlichen Umwelt sehen kann, kommen von Chemikalien, die Pigmente genannt werden. Pigmente werden freigesetzt, wenn man die Pflanzen kocht. In früheren Zeiten wurden Pflanzenpigmente als Farbstoff für Kleidung, als Make-up und für die Kunst gebraucht.

Sandkleie

Bindemittel

Benötigtes Material

✓ eine Tasse feinen Meersand
✓ 1/2 Tasse (125 ml) Maisstärke
✓ 1/2 Tasse (125 ml) (und vielleicht ein wenig mehr) kochendes Wasser
✓ zwei verschieden große Töpfe für ein Wasserbad
✓ Kochplatte
✓ flacher Tiegel oder Backblech

◆ die Hilfe eines Erwachsenen

So geht es

Die ersten drei Schritte sollten von einem Erwachsenen unternommen werden.

1. Mischen Sie den Meersand und das Maismehl sorgfältig.
2. Fügen Sie dieser Mischung kochendes Wasser zu und rühren Sie alles gut durch.
3. Die Mischung aus Sand und Maismehl im Wasserbad so lange aufkochen, bis sie sich verdickt. (Wenn es zu dick wird, ein wenig kochendes Wasser zufügen.)
4. Bevor Sie modellieren, soll die Sandkleie ein wenig abkühlen. Die Kinder können daraus beliebige Tonmuster oder Skulpturen bauen.
5. Die Skulptur aus Sandkleie entweder im Tiegel bei 140° C im Ofen trocknen lassen oder mehrere Tage bei Raumtemperatur auf einen Tisch oder ein Brett stellen.

Varianten

❖ Die Kinder können mit der Sandkleie Strandgegenstände basteln, wie z.B. Muscheln, Krabben, Boote, Burgen oder Fische.
❖ Sie können mit diesem Rezept noch mehr Sandkleie anrühren.

Erklärung

Maismehl wird beim Kochen als Dickungsmittel benutzt. Wenn man Maisstärke mit Sand und Wasser mischt und auf einer Herdplatte erhitzt, arbeitet die Maisstärke wie ein Zementstoff. Er verdickt die Mischung und bindet die Inhaltsstoffe zu einer Modelliermasse. Wenn man einen Gegenstand aus Sandkleie in einem Ofen trocknet oder zum Trocknen auf ein Brett stellt, wird der Gegenstand steinhart, denn der Sand hat sich mit dem Maismehl verbunden.

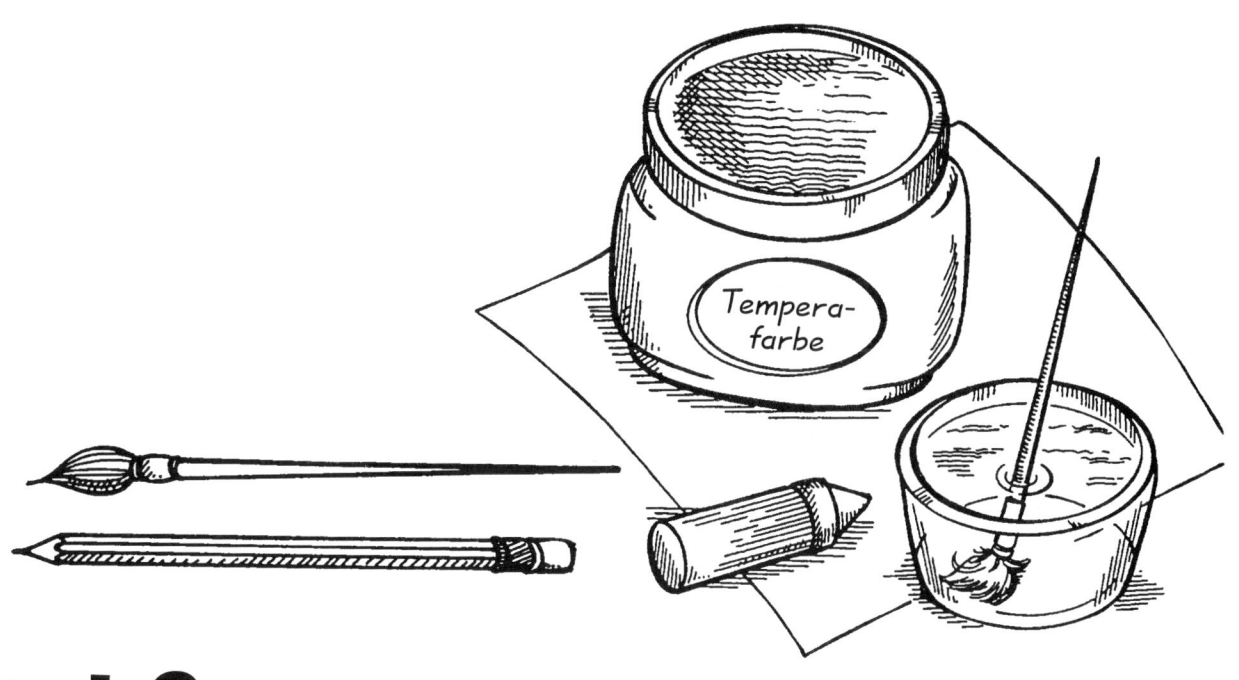

Kapitel 6
Anhang

Projekt-Index

Glossar

Adhäsion/Kohäsion: Der Vorgang, daß Moleküle eines Stoffes die Moleküle eines anderen Stoffes anziehen, wird Adhäsion genannt. Kohäsion ist dagegen die Anziehungskraft, die die Moleküle einer Substanz zusammenhält. *Kerzenbilder 94, Weißer Widerstand 95*

Auflösen: Das vollständige Vermischen eines Festkörpers mit einer Flüssigkeit. Wenn sich z.B. Zucker in Wasser löst, entsteht eine neue Substanz (Zuckerwasser). *Feuchttrockene Bilder 15, Regentanz 24, Bunte Flaschen 28*

Auftrieb/Tragkraft: Die Kraft, die einen Gegenstand in einer Flüssigkeit oder in einem Gas aufsteigen läßt. Die Tragkraft verhindert, daß ein Gegenstand in einer Flüssigkeit sinkt oder fällt. *Schwimmende Skulpturen 34*

Base: Alle Chemikalien sind entweder sauer, basisch oder neutral. Basen schmecken bitter und sind chemisch gesehen das Gegenteil von Säuren. Sie reagieren mit Säuren, indem sie Wasser und Salz bilden. Basen, die in Wasser gelöst werden, nennt man Laugen. *Unsichtbare Zeichnung 110, Magischer Kohlkopf 111*

Chlorophyll: Die grüne Substanz in Pflanzen. Das Chlorophyll ermöglicht es den Pflanzen, aus Sonnenlicht Energie herzustellen. *Grasgemälde 123*

Chromatographie: Eine Methode, um eine Mischung von löslichen Substanzen zu trennen. Die Trennung erfolgt in mehreren Stufen durch ein aufsaugendes Material. *Farbige Streifen 97*

Dichte: Gewichtsmaßeinheit; gibt die Masse und Kompaktheit einer Substanz im Vergleich zu ihrem Volumen an. Die Dichte von Wasser beträgt z.B. 1 Gramm pro Kubikzentimeter. *Öl-und Wasserbilder 18, Ölbilder 19, Flaschenoptik 30, Wasserröhre 31, Schwimmende Skulpturen 34, Schwimmende Knete 35*

Diffusion: *siehe Zerstreuung*

Druck: Die Kraft, die ein Stoff auf andere Stoffe ausübt. Um Druck zu messen, muß man sowohl seine Stärke als auch die Fläche berücksichtigen, auf die der Druck einwirkt. *Flaschenfontäne 29, Kristallteig 37, Trinkhalmbilder 38, Der Vulkan 99*

Durchsichtig: Materialien, durch die Licht hindurchscheinen und durch die man hindurchsehen kann. *Leuchtende Bilder 57, Taschenlampenmuster 62, Natürliches Fenster 128*

Elektrizität: Eine Form von Energie, die aus einem Fluß von geladenen Teilchen, den Elektronen, besteht. *Automotorzeichnung 84*

Emulsion: Zwei Flüssigkeiten, die sich nicht mischen, wie z.B. das Fett in der Milch oder Öl und Wasser. *Bunte Wellen 36, Durchbrechende Farben 98*

Energie: Die Kraft, die notwendig ist, um bestimmte Handlungen zu verrichten oder Bewegungen und Reaktionen zu erzeugen. Es gibt ganz unterschiedliche Energieformen, z.B. elektrische Energie oder Energie, die aus fossilen Stoffen gewonnen wird. *Schüttelbilder 70, Zahnradskulptur 77*

Erosion: Das Abtragen von Gesteinen und Erde durch Wind, Regen, Flüsse und Meer. *Sandgemälde 124*

Festkörper: Eine Substanz, die kompakt, nicht flüssig ist. Die äußere Form von Festkörpern kann man nur schwer verändern.

Filter: Eine Vorrichtung, mit der unlösliche Feststoffe aus einer Flüssigkeit entfernt werden können. Wenn die Flüssigkeit in einen Filter aus Papier, Glaswolle o.ä. Materialien gegossen wird, hält dieser die festen Teile zurück. Licht kann ebenfalls gefiltert werden, z.B. durch buntes Papier oder dünne Tücher. *Bunte Guckschachtel 64*

Flüssigkeit: Stoffe sind entweder fest, flüssig oder gasförmig. Flüssigkeiten nehmen - wie Gase - immer die Form des Behälters an, in dem sie sich befinden.

Fotografie: Das Wort "Fotografie" bedeutet wörtlich übersetzt "Zeichnung mit Licht". Mit Lichtstrahlen wird ein optisches Bild auf einer lichtempfindlichen Oberfläche, z.B. einem Film erzeugt. *Lochkamera 65*

Gase: Materie mit einer geringen Dichte und ohne feste Form, die sich ausdehnen und zusammenziehen kann. Luft ist z.B. eine Mischung aus verschiedenen Gasen. Gase verteilen sich - wie Flüssigkeiten - gleichförmig in jedem Behälter. *Skulpturbretzel 112*

Gefrierpunkt: Die Temperatur, bei der eine Flüssigkeit durch Kühlung zu einem festen Körper wird. Wasser gefriert z.B. bei 0°C. *Gefrorener Teller 20, Gefrorenes Papier 21, Würfel-Malerei 22, Bunte Eisbilder 23, Eis-Strukturen 26, Kristallbild 101, Kristalline Seifenblasen 102*

Gluten: Eine kleberähnliche Substanz, die in Mehl gefunden wurde. *Spaghettimalerei 108*

Glossar

Kasein: Eine weiße, plastikähnliche Substanz, die für die Herstellung von Käse, Leim und Plastik verwendet wird. *Plastikmilch 105*

Keimen: Bezeichnet den Beginn des Wachstums bei Pflanzen. Pflanzen entstehen aus sprießenden und wachsenden Samen und Sporen. Wasser und Sonnenlicht sind für die Keimung wichtig. *Gartenskulptur 129*

Kohäsion: *siehe Adhäsion*

Kondensation: Der Vorgang, bei dem ein Gas durch Abkühlung in eine Flüssigkeit verwandelt wird. Die Wassertropfen, die z.B. entstehen, wenn Wasserdampf in der Luft abkühlt, werden Kondenswasser genannt. *Siehe Verdampfen.*

Konstellation: Ein von Sternen gebildetes Muster am Himmel. Eine bekannte Konstellation ist der Große Bär. *Sternenfenster 66*

Konstruktion/konstruieren: Die Bauart eines Gebäudes oder einer Maschine. *Mausespeckturm 106, Mit Bohnen bauen 107*

Kristalle: Eis, Salz und viele Mineralarten sind Kristalle. Sie bilden feste Körper mit einer glatten Oberfläche und einer stets gleichbleibenden Anordnung ihrer Moleküle. *Gefrorener Teller 20, Kristallteig 37, Kristallmuster 100, Kristallbild 101, Kristalline Seifenblasen 102, Kristallnadeln 103, Kristalline Tinte 104*

Licht: Eine Form von Energie, die wir sehen können. Die Sonne oder die Sterne strahlen selbst Licht ab, die meisten Gegenstände senden aber selbst kein Licht aus. Wir sehen sie nur, weil sie Licht zurückwerfen oder reflektieren. *Bunte Papiermischung 50, Farbräder 51*

Lichtdurchlässig: Materialien, durch die Licht hindurchscheinen kann, werden lichtdurchlässig genannt. *Leuchtende Bilder 57, Dia-Betrachtung 58, Diashow 59, Fensterszenerie 67, Natürliches Fenster 128*

Löslich: Stoffe (z.B. Salz), die sich in Flüssigkeiten (z.B. Wasser) auflösen können, werden löslich genannt. *Feuchttrockene Bilder 15, Durchbrechende Farben 98*

Lösung: Eine Flüssigkeit, die eine oder mehrere lösliche Substanzen enthält. *Siehe Auflösen.*

Luft: Eine Mischung aus Gasen, die wir nicht sehen, riechen oder schmecken können. Luft ermöglicht das Leben auf der Erde. Sie besteht aus Stickstoff, Sauerstoff, Kohlendioxyd und winzigen Mengen anderer Gase. Luftverschmutzung liegt vor, wenn sich Substanzen in der Luft befinden, die das Leben von Menschen, Tieren und Pflanzen schädigen (z.B. Autoabgase, Radioaktivität, Chemikalien aus Fabriken). *Klebrige Bilder 119*

Magnet: Ein Gegenstand, der aus Eisen besteht und die Fähigkeit hat, andere Gegenstände aus Eisen oder Metall anzuziehen oder abzustoßen. *Magnetzeichnung 88, Lustige Gesichter 89, Metallmuster 90, Magnetbühne 91, Magnetische Reibung 92*

Magnetisches Feld: Das Feld oder der Raum, innerhalb dessen die Kraft eines Magneten wirkt und die Bewegung anderer magnetischer Gegenstände verursacht. *Magnetzeichnung 88, Lustige Gesichter 89, Metallmuster 90, Magnetbühne 91, Magnetische Reibung 92*

Magnetismus: Unsichtbare Kraft und Fähigkeit von Gegenständen aus Eisen, Stahl und einigen anderen Metallen, ein Eisenstück anzuziehen oder abzustoßen. *Magnetzeichnung 88, Lustige Gesichter 89, Metallmuster 90, Magnetbühne 91, Magnetische Reibung 92*

Molekül: Winziges Teilchen eines Stoffes, das aus Atomen besteht. Wasser kann z.B. nicht in beliebig kleine Teilchen zerlegt werden. An einem bestimmten Punkt bleibt ein Teilchen, ein Molekül, übrig. Bei Wasser besteht dieses Molekül aus zwei Wasserstoffatomen (H_2) und einem Sauerstoffatom (O).

Oberflächenspannung: Eine Eigenschaft von Flüssigkeiten. Durch die Anziehungskraft ihrer Moleküle bilden sie auf ihrer Oberfläche eine dünne, elastische Haut aus. Die Oberflächenspannung läßt Gegenstände auf Flüssigkeiten liegen, die eigentlich versinken müßten. *Schwimmendes Kreidemuster 25, Bunte Wellen 36*

Optische Täuschung: Wenn das Auge und das Gehirn ein Bild, eine Zeichnung oder einen Gegenstand anders wahrnehmen, als er tatsächlich aussieht. Das Gehirn und die Augen werden getäuscht durch eine bestimmte Anordnung von Linien und Farben. *Drehende Muster 44, Versteckte Farben 45, Geheimbilder 46, Gestreckte Bilder 47, Farbrasterbilder 48, Täuschende Bilder 49, Streifenkreisel 72, Wandernde Haustiere 74, Speichenweberei 75*

Glossar

Pendel: Ein Gewicht, das an einer frei schwingenden Schnur, einem Stab oder einer Kette hängt und rhythmisch hin und her schwingt (z.B. das Pendel in Standuhren). *Malpendel 78, Salzpendel 79*

Pflanzen: Jeder Organismus, der sich nicht selbständig bewegen kann und der keine Organe und Nervengewebe besitzt. Gewöhnlich haben sie Wurzeln, Blüten und Blätter und sind oft grün. *Baumpausen 114, Schuhcremeblätter 115, Naturspray 116, Pflanzendrucke 117, Blätter drucken 120, Baumkünste 121, Grasgemälde 123, Seetangdrucke 126, Trockenes Arrangement 127, Gartenskulptur 129, Lebensmittelfarben 130, Hausgemachte Farben 131*

Pigmente: Substanz, die dem Gewebe von Menschen, Tieren oder Pflanzen Farbe gibt. Pigmente finden sich auch in farbiger Erde. Sie werden zum Färben, Einfärben und Malen benutzt. *Bunte Papiermischung 50, Pflanzendrucke 117, Lebensmittelfarben 130, Hausgemachte Farben 131*

Pointillismus: Eine Kunsttechnik, die der Maler Seurat erfunden hat. Bei seinen Bildern hat er die Farbe nicht als Striche, sondern in kleinen Punkten auf das Papier aufgetragen. Die Punkte sind so klein, daß man sie nicht leicht erkennen kann. Das Gehirn verbindet die Punkte zu einem Raster und sieht dadurch neue Farben. *Farbrasterbilder 48*

Reflexion: Der Vorgang, durch den Lichtstrahlen von einer Oberfläche abprallen und zurückgeworfen werden. *Spiegelkarten 52, Unendliche Reflexionen 54, Spiegelbilder 55, Leuchtende Bilder 57, Taschenlampenreflexionen 63, Seifenblasenskulpturen 68*

Reibung: Der Widerstand, der durch das Aneinanderreiben zweier Oberflächen entsteht. Um so rauher eine Oberfläche ist, um so größer ist die Reibung, die entsteht. Reibung erzeugt Wärme und verlangsamt Bewegungen. *Laufende Farben 71, Polierte Wachsstifte 80*

Säure: Alle Chemikalien sind entweder sauer, basisch oder neutral. Säuren enthalten Wasserstoff, schmecken sauer und bilden Salze, wenn sie mit Metallen reagieren. Starke Säuren sind giftig und können Verätzungen hervorrufen. *Unsichtbare Zeichnung 110, Magischer Kohlkopf 111*

Schmelzpunkt: Die Temperatur, bei der ein Festkörper zu einer Flüssigkeit wird. Der Schmelzpunkt von Eis liegt z.B. bei 0°C. *Würfel-Malerei 22, Bunte Eisbilder 23, Eis-Strukturen 26, Eisige Salzskulptur 27, Polierte Wachsstifte 80, Wachsfiguren 81, Heißes Sandpapier 82, Gebackene Zeichnungen 83, Natürliches Fenster 128*

Schwerkraft: Eine unsichtbare Kraft, die alle Gegenstände auf der Erdoberfläche oder in ihrer Nähe zum Erdmittelpunkt zieht. Durch die Schwerkraft landet z.B. ein Stein, den wir in die Luft werfen, auf dem Boden. *Laufende Farben 71, Murmelskulptur 76, Malpendel 78, Salzpendel 79, Mondlandschaft 85*

Sonnenuhr: Ein Gerät, um an sonnigen Tagen die Stunden durch den Schattenwurf der Sonne zu bestimmen. *Schattenzeit 53*

Sonnenuhrzeiger: Der Teil einer Sonnenuhr, der einen Schatten wirft und hilft, die Zeit zu messen. *Schattenzeit 53*

Spektrum: Die Farben, aus denen weißes (Sonnen-) Licht besteht: rot, orange, gelb, grün, blau, indigo, violett. *Farbräder 51*

Statische Elektrizität: Eine elektrische Ladung, die sich auf der Oberfläche von Materialien aufbaut, die keine Elektrizität leiten. Wird z.B. ein Luftballon an Kleidung gerieben, wird dieser mit Elektrizität aufgeladen. Statisch heißt diese Form der Elektrizität, weil sie sich an einer Stelle befindet und nicht fließen kann. *Ballondekoration 86, Tanzende Hasen 87*

Stein: Harte, natürlich geformte Masse, die aus Mineralien oder einem Gemenge von Mineralien besteht. Sand besteht zumeist aus zerstoßenen oder zerriebenen Steinen. Neben Natursteinen (z.B. Granit) gibt es auch Kunststeine (z.B. Betonsteine), die mit einem Bindemittel gebunden sind. *Sandgemälde 124, Sandgarten 125, Trockenes Arrangement 127, Sandkleie 132*

Symmetrie: Zwei Seiten eines Gegenstandes oder eines Musters sind symmetrisch, wenn ihre Formen genau übereinstimmen. Ein Schmetterling, der seine Flügel ausbreitet, besitzt z.B. Symmetrie. *Fließende Muster 32, Symmetrische Drucke 118*

Trägheit: Das physikalische Gesetz der Trägheit besagt, daß ein Gegenstand dazu neigt, in seinem jeweiligen Zustand zu verharren, still zu stehen oder in Bewegung zu bleiben. Um die Trägheit zu überwinden, muß Kraft aufgewendet werden. *Murmelskulptur 76*

Tragkraft: *siehe Auftrieb*

Undurchsichtig: Eine Substanz (z.B. Holz) ist undurchsichtig, weil sie kein Licht durchdringen läßt und weil wir nicht durch sie hindurchschauen können. *Schattenspiele 56, Silhouetten 60, Silhouettenshow 61, Taschenlampenmuster 62, Fensterszenerie 67*

Glossar

Unlöslich/Unvermischbar: Eine Substanz kann nicht aufgelöst oder gemischt werden. Öl und Wasser können sich nicht mischen. Sie bleiben getrennt, auch wenn man die beiden Substanzen schüttelt oder durchrührt. *Unsichtbare Bilder 16, Öl- und Wasserbilder 18, Ölbilder 19, Bunte Wellen 36*

Verdampfen: Der Übergang einer Flüssigkeit zu Gas, durch das Erhitzen der Flüssigkeit. *Wasserspiele 17, Papiergestalten 33, Kristalline Tinte 104*

Verdunstung: Entsteht durch Erhitzen oder Bewegung. Sonne und Wind lassen das Wasser aus Flüssen und Seen verdunsten.

Verwitterung: Die Zersetzung und Zerteilung von Gesteinen durch natürliche Einflüsse (Frost, Wasser u.a.). Siehe auch Stein. *Sandgemälde 124*

Wasserdampf: Winzige Wassertropfen in der Luft, die zu klein sind, daß man sie mit bloßem Auge erkennen kann. Sie entstehen durch Verdampfung. *Siehe Verdampfung.*

Weißes Licht: Ein Band aus sieben verschiedenen Farben - rot , orange, gelb, grün, blau, indigo und violett. Jede Farbe hat eine andere Wellenlänge. Alle Farben gebündelt ergeben weißes Licht. *Farbräder 51*

Wind: Bewegung der Luft. *Luftschlangenringe 39, Windfänger 40, Windige Tücher 41, Windiges Glockenspiel 42*

Zahnrad: Räder, die an ihren Außenrändern mit Zähnen (Zacken) bestückt sind. Zahnräder übertragen Bewegung und Kraft, wenn sie einander berühren oder durch eine Kette miteinander verbunden sind. *Zahnradskulptur 77*

Zeit: Eine Möglichkeit, auf der Basis der Drehung und der Umlaufzeit der Erde eine Stunde, einen Tag, einen Monat oder ein Jahr zu messen. *Schattenzeit 53*

Zentrifugalkraft: Die Kraft, durch die ein sich drehender Gegenstand vom Mittelpunkt (oder von der Achse) weg nach außen gedrückt wird. *Drehender Regenbogen 73*

Zerstreuung/Diffusion: Das gegenseitige Durchdringen zweier Gase oder Flüssigkeiten, durch die Bewegung ihrer Moleküle. Wenn sich zwei verschiedene Stoffe innig berühren, werden durch die Bewegung ihrer Moleküle die Konzentrationsunterschiede ausgeglichen. Die Diffusion ist beendet, wenn sich die Moleküle gleichmäßig verteilt haben. *Nasse Bilder 14, Feuchttrockene Bilder 15, Regentanz 24, Bunte Flaschen 28*

Material-Index

Der Material-Index kann in vielen Beziehungen hilfreich sein:

1. Sie können ihn als Prüfliste benutzen um zu schauen, in welchen Projekten die gleichen Materialien gebraucht werden.
2. Sie können ihn als Materialleitfaden für zukünftige Projekte benutzen.
3. Wenn Sie sich nur an ein benutztes Material, nicht aber an den Namen des Projektes erinnern können, können Sie mit dem Material-Index das Projekt und seine Seitenzahl nachschlagen.

Anmerkung:
Die fortwährend benutzten Materialien wie Schere, Klebstoff, Papier und Farbe werden nur dann aufgelistet, wenn sie der einzige oder ein außergewöhnlicher Teil des Experimentes sind.

Material-Index

Material-Index

Material-Index

Über die Autorinnen

MaryAnn F. Kohl

graduierte an der Old Dominion University, Virginia, in Naturwissenschaften für die Primarstufe und legte an der Western Washington State University ihren Abschluß für die Graduiertenausbildung ab. Ihr Interesse an der Kunsterziehung resultiert aus ihrer langjährigen Lehrtätigkeit an Vor- und Grundschulen, die einem ganzheitlichen Ansatz der Sprach- und Wissensvermittlung folgt. Zuletzt war sie für junge AutorInnen als Beraterin für Kunst, Darstellung und Verlagswesen tätig. Daneben fährt MaryAnn gerne Ski, unternimmt Bootstouren und ist eine liebevolle Mutter. Mit ihrem Ehemann und ihren zwei Töchtern lebt sie in Bellingham, Washington.

Jean Potter

graduierte an der Edinbore University in Pennsylvania in Naturwissenschaften für die frühe Kindheitserziehung. Ihren Magister für Kunsterziehung absolvierte sie an der West Virginia University. Hauptberuflich arbeitet Jean im Kindergarten. Für das West Virginia State Department koordiniert sie zudem das Programm für frühe Kindheitserziehung und sie unterrichtet nebenberuflich an zahlreichen Colleges und Universitäten. Sie lebt mit ihrem Ehemann Thomas in Charleston, West Virginia und geht sehr gerne mit ihrem Hund Archie spazieren.

Tolle Ideen
Sachkunde-Spaß
Tony Griffith
5-11 J., 128 S., A4-quer, Pb.
24,80 DM/194,- öS/24,80 sFr

Sachkunde? Kundig in der Sache, das hört sich gar nicht spaßig an! Kann es aber trotzdem sein! Hier wird in über 70 Versuchen, Zaubereien, Tricks und Experimenten „Sachkunde-Spaß" vermittelt. Am Anfang aller Erkenntnis steht das persönlich Erfahrene: Da passiert was - wie kommt das? „Tolle Ideen" zum Vorführen ab Klasse 1, zum Bearbeiten ab Klasse 3.

Tolle Ideen
Aktiv durch die Jahreszeiten
Janet Eyre (Hrsg.)
5-11 J., 128 S., A4-quer, Pb.
24,80 DM/194,- öS/24,80 sFr

Jahreszeiten bieten vielerlei Anreize für einen lebendigen Unterricht. Das beweist dieses Buch mit annähernd 150 Ideen für Mathematik, Sprache, Musik, Werken, Sachkunde, Kochen usw. Viele Anregungen für Aktivitäten zu bestimmten Fest- und Feiertagen, für drinnen und draußen machen wach für die Veränderungen in der Natur und erziehen zu einem sorgsamen Umgang mit unserer Umwelt.

Natürlich Kunst
Kreativ mit und für die Natur
MaryAnn F. Kohl, Cindy Gainer
5-11 J., 200 S., A4-quer, Pb.
38,- DM/297,- öS/39,20 sFr

Über 200 Kunstprojekte, die ökologisches Bewußtsein und einen bewahrenden Umgang mit unserem Planeten entwickeln helfen. Mit Materialien, die in der Natur gesammelt oder vor dem Müll gerettet werden, entstehen Skulpturen, Mobiles und Collagen, es wird gemalt, gezeichnet, gedruckt, gewoben und geflochten. Der Blick für den Wert und die Vielfalt natürlicher Ressourcen wird geschärft, und die ökologischen Fragen stellen sich aus diesen Erfahrungen von selbst. Durch klare Illustrationen und verständliche Anleitungen sind die Projekte einfach nachzugestalten. Die Ergebnisse können verkauft, ausgestellt und z.T. auch gegessen werden. Viele sind auch Alternativen zu kommerziellen Produkten. Für Kiga, Schule und Familie.

Bewegen und Entspannen nach Musik
Rhythmisierungen, Bewegung und Ausgleich in Kindergarten und Unterricht
Monika Fink, Ralph Schneider, Dorothee Wolters (Illustr.)
Kiga und GS, Set in stabiler Pappbox, Anleitungsbuch mit 56 S., zahlr. Illustr. und Musikcassette
35,- DM/273,- öS/36,20 sFr

15 erprobte und phantasievolle Fünf-Minuten-Geschichten von „Chili" und „Pepe", die das Recht und die Lust der Kinder auf Bewegung und Ausgleich aufgreifen. Die rhythmische Musik illustriert die einzelnen Themen (Im Zoo, Die Roboter, Die Weltraumreise u.v.m.), leitet die Bewegungsabläufe und sorgt für gute Laune und Ausgleich. Die Bewegungsspiele sind einfach, aber wirkungsvoll und können während des Unterrichts eingesetzt werden. Geeignet für Grundschule, Sonderschule und Kiga.

Bilder, Märchen, Phantasiereisen
Kreatives Gestalten mit Kindern
Iris Niederprüm
Ab 5 J., 78 S., A4, Papph.
30,- DM/234,- öS/31,20 sFr

Kinder brauchen Raum für den Ausdruck ihrer Gefühle, für die Auseinandersetzung mit Konflikten, Wünschen und Phantasien. Diese Aktivmappe bietet, basierend auf kunsttherapeutischen Ansätzen, theoretische und praktische Anleitungen zum kreativen Arbeiten für alle, denen phantasievolles Tun mit Kindern Spaß macht. Der Praxisteil enthält Anregungen, die an bestimmte Entwicklungsphasen und aktuelle Konflikte der Kinder anknüpfen: ausgewählte Bilderbuchgeschichten, Märchen, Phantasiereisen, „Unsere Gefühle", „Familienbilder", Drachenkinder-Geschichten zum Weitererzählen und Malen, Kreativitätsübungen mit Ton, Finger- und Wasserfarben, Übungen zur Körperwahrnehmung. Der Theorieteil vermittelt Anleitungen zum therapeutisch orientierten, kreativen Gestalten.

Versuchen und Verstehen
Luft + Wetter
Terry Jennings
Ab Kl. 2, 52 S., A4, Papph.
27,- DM/211,- öS/28,30 sFr

Luft kann man nicht sehen oder riechen. Aber erfahren und erleben kann man, daß wir sie zum Leben brauchen, was sie bewirkt, daß sie auch ein Gewicht hat, sich verändert, sich verschieden anfühlt, daß und wie sie sogar von Menschen zur Arbeit genutzt wird.
Wetter: Was man mit und in verschiedenem Wetter erleben kann, wie man Wetter beobachten kann, was Wetter ist, wie es entsteht, wovon es abhängt; wie man einen Windgeschwindigkeitsmesser und ein Wetterrad baut und viele Anregungen mehr beweisen, daß es ein schier unerschöpfliches Thema sein kann.

Versuchen und Verstehen
Licht + Energie
Terry Jennings
Ab Kl. 2, 52 S., A4, Papph.
27,- DM/211,- öS/28,30 sFr

40 anschaulich illustrierte Blätter mit anregenden kleinen Experimenten, Spielen und Versuchen, einfach und schon für Leseanfänger verständlich. Eignet sich hervorragend als Freiarbeit-Kartei in der Klasse.
Was ist Licht? Wie nehmen wir es wahr? Was bewirkt es? Licht und Schatten, Reflexion und Spiegel. Pflanzenwachstum und Farben-Sehen sind Beleg für diese Urenergie.
Was ist Energie? Bewegung, Kräfte, Arbeit, Essen, Brennstoffe, Temperaturunterschiede und Sonnenwärme haben damit zu tun, die Konstruktion eines Wasserrades, eines Boots, einer Windmühle machen ihre Wirkungsweisen anschaulich.
Versuchen und Verstehen:
Anschauliche Zeichnungen, wenig Text, einfache Sprache. Ideales Material für Freiarbeit und für Kinder mit Lernschwächen.

Dies ist nur ein Teil unseres Programms. Fordern Sie bitte den aktuellen, kostenlosen Gesamtkatalog an.

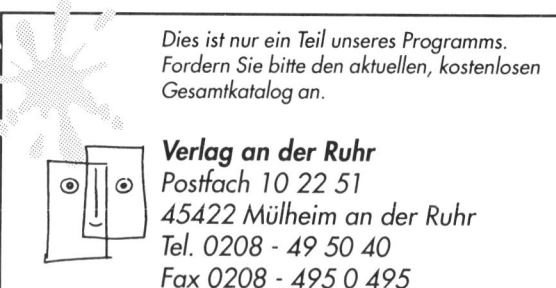

Verlag an der Ruhr
Postfach 10 22 51
45422 Mülheim an der Ruhr
Tel. 0208 - 49 50 40
Fax 0208 - 495 0 495